JN438142

등나무풍경
5

인지생략

over a wall
poetry for literary coterie
7

2015년 방송대문학회 제5집

등나무 풍경

2015년 02월 15일 초판 1쇄 인쇄
2015년 02월 22일 초판 1쇄 펴냄

발행인 | 우재호
편집인 | 김봉곤 이현욱 장광분 조태식
제　자 | 민문자
표지그림 | 신영자
발행처 | 방송대문학회
카　페 | http://cafe.daum.net/knou2010

펴낸이 | 송계원
디자인 | 송동현 정선
펴낸곳 | 도서출판 담장너머
등　록 | 2005년 1월 27일 제2-4102
주　소 | 100-272 서울시 중구 필동2가 84-10, 105호
전　화 | 02-2268-7680, 010-8776-7660
이메일 | overawall@hanmail.net
카　페 | cafe.daum.net/overawall

2015 ⓒ 방송대문학회

ISBN 89-92392-36-5 03810
값 10,000원

* 파본은 본사나 구입하신 서점에서 교환해드립니다.

r a wall
try for literary coterie

한국방송통신대학교
등단작가 모임

등나무풍경

2015년 5집

2015 ⓒ 방송대문학회

방송대문학회

등나무풍경 제5호 발간에 즈음하여

회장 **우재호**

눈 덮인 산골 얼어붙은 계곡의 우리 눈에 보이는 세상은 아직 겨울을 벗어나지 못한 듯하지만 변함없이 순환하는 절기는 어느덧 입춘을 가리키고 있어 계절마다 또 다른 영광이 있음을 깨닫게 해주는 겨울이 무엇 하나 수고 없이 얻어지는 것은 없다는 깨달음의 지혜를 얻게 해 줍니다.

연초가 되면 연중행사로 맞이하는 우리 방송대문학회 회원들의 등나무풍경의 발간을 앞두면 오래 못 본 사랑하는 사람을 만나는 듯 마음이 설레는 것은 해를 거듭할수록 오래 힘들여 낳고 키운 결실의 열매가 곳간 가득 수북하게 쌓여간다는 기쁨이 넘치기 때문입니다.

방송대문학회 회원님들이 사랑으로 정성 들여 심은 등나무를 정성 들여 키우면서 아름다운 사랑과 인내의 물을 사랑하는 마음으로 듬뿍 주어 결국 보라색 화려한 등나무 꽃으로 활짝 피워내 보는 사람으로 하여금 사랑의 마음이 차고 넘치는 아름다운 산물을 얻은 기쁨이 넘쳐납니다.

이토록 사랑하는 마음이 넘치는 정서가 다양한 경로를 통해 곱게 열매 맺을 수 있음은 우리 회원들의 뜨거운 열정의 덕분이며 회원들의 다양한 작품의 표현들이 개인 개성의 독특한 방식으로 개성이 전혀 다른 다양한 작품을 같이 할 수 있는 동인지의 특징이 아닌가 싶습니다.

모든 생명체가 죽은 듯이 움츠리고 있는 가운데서도 붉은 선혈을 뚝뚝 떨어뜨리며 아프게 꽃을 피워내고 있는 동백꽃의 진실한 몸짓을 보며 아름답게 펼쳐질 이 봄엔 우리 온 마음으로 꽃보다 예쁜 시어들을 만지고 빚었으면 합니다.

하얗게 쌓인 눈발 위로 지나간 날들 그리움의 낙서를 하곤 맑고 찬 샘물에 우리 영혼의 그림자를 씻고 헹구어 투명한 하늘 한 자락에 꽃씨 하나씩 뿌려 고운 연녹색 이파리 싹 틔우고 꽃을 피워 가슴속에 고운 풍경화 하나씩 그려내고 싶어지는 계절입니다.

늘 방송대문학회의 모든 행사와 모임에 열성적으로 참여해 주신 분들과 비록 물리적인 거리로 인해 자리를 함께해 주시지는 못했지만 늘 관심과 성원으로 격려해 주신 모든 분께 감사를 드리며 등나무풍경 5호에 소중한 원고 주신 회원님께 감사를 드립니다.

2015년 2월

회장 우 재 호

—시—

송동현

신영자

우재정

우재호

이 건 원

이 동 숙

이 복 연

이 상 동

이순애

이현욱

장광분

조태식

-수필-

-소설-

시

김미옥 김봉곤 류인분
민문자 송동현 신영자
우재정 우재호 이건원
이동숙 이복연 이상동
이순애 이현욱 장광분
조태식

시

김 미 옥

가을엔

골목길

싸락눈

덮어씀

장구 따라잡기

일향 김미옥
서울 출생
한맥문학 2002년 시 등단
한국문인협회 회원
동작문인협회 회원
휴대폰 : 010-2232-9765

가을엔

김 미 옥

남겨지고 싶다
아무것도 가진 것 없어도
욕심이란 껍질을 벗고

낙엽 되어 바삭한
나이테를 세지 않아도 될
푸름으로 머물고 싶다

마알갛게 천지를 휘돌아 드는
눈 속에서도 의연하게
버티어 내고 싶다

골수를 파고드는 번뇌로
어느 봄날 가냘픈 촛대를
세우고
내 안의 곧은 심지하나
끝없이 불살라 해탈 하고 싶다

골목길

아이들이 없다
반나절을 헤매어도
겨우 만나지는 아이들은
골목길에서

무궁화 꽃을 피우고
담방구 놀이를 하고
고무줄을 잘라가던 악동도
모두 다 어디로 갔는가

썰렁하게 가로등 불빛을
달구어놓아도
아이들은 천진한 웃음
해맑게 숨바꼭질하러 갔는가

골목길이 하얀 서리꽃을
피워내며 아이들을
찾아 아이 하나 골목길을
에돌아든다

싸락눈

싸락싸락
싸락눈이 내린다
밤새 몰래 싸락눈이
동을 틔우고

하얀 아침 식탁
차 한 잔에
마른 입김을 풀어낸다

싸락눈이 올 때면
눈길 따라 임도 함께
오시려나

아궁이로 더운밥을 지어
아랫목에
소복하게 담아두는데

싸락싸락 싸락눈만
속절없이
애간장을 태운다

덮어씀

육십여 편의 시를
서너 편의 시로 덮었다
컴으로 써내려가는 시어들
자판을 누르면서
맞추어지는 글들이 때론
신언처럼 가슴이 저리다

편리하다 사용되어지는
단어에 예스와 노 한번 누른 것들은
영원히 소멸하는데
아무런 생각 없이 키를 눌러
삭제되어지는 아픔을
뼈저리게 느껴오며

오늘도 아쉽게 처음으로
돌아가 다시 시작해야 한다
카페에 시어들이 저장되었으니
복사하면 되지만
그만큼 또 허비해야 하는 시간
더 이상 덮어버리지 말아야지
가로등 불빛이 깜박 인다

장구 따라잡기

나이가 든 만큼
잃어버리는 것이 많아진다
다시 한 번 장구채를 잡고
궁 채를 친다

덩 따 궁 따
덩 따 궁 따
굿거리장단
휘모리장단 몇 년을 배워도
여전히 머릿속은 희미하다

손안에 허물이 벗어지고
아리게 물집이 터지도록
장구를 따라잡기 위해
발맞춤도 해보지만

집으로 오는 길은 멍하다
아직도 힘이 가지는 궁 따
장구에 목이 타들어 갔구려
힐끗 눈짓에 쓴 웃음 한 모금

덩 덩 더더덩 덩 장구를
몸 안으로 먹어야 한다

시

김봉곤

겨울비

그리움

한파

별 헤아리다

파도

정읍 출생
한국방송통신대학교 국어국문학과 졸업
월간 한맥문학 등단(동시) 2003년
월간 순수문학 등단(시) 2004년
한맥문학동인회 회원
한맥문학가협회 사무국장(현)
국제펜클럽 한국본부 회원
한국문인협회 회원
내장문학회 회원
방송대문학회 명예회장(현)
핸드폰 : 011-245-1555, 010-8909-1555

겨울비

김봉곤

눈꽃처럼 가벼운 겨울비가
한천로129길 골목에
나를 찾아 밤새 걸어와 손발이 차다
얼지 않았나 걱정스러워 문 열어
먼동과 함께 방안으로 들인다

너는 본디 하얀 눈꽃
아이들의 키 높이만한
순박한 눈사람이었지
너와 함께했던 겨울마당은
꿈 많은 조각공원

이질적 현실에
피어나지 못한 눈꽃사랑
겨울비가 되어
나에게 달려온다.

그리움

마로니에 거리
눈이 내린다
백수 광부의 옷깃으로
눈길을
걸어보면
먼 산의 설경에
하얀 그리움
쭈뼛쭈뼛

반짝이는
예쁜 눈빛
그대를
생각하게 한다.

한파

생 바람이
눈 덮인 계곡에
칼질을 하며 내려온다

선녀가 보내는 눈꽃나비
하얀 종이에 하얀 펜으로 쓴
비밀연애편지
콘크리트 벽 틈으로
시를 읊듯
가슴으로 녹여 해독되는
눈물 맺은 사랑 이야기

별 헤아리다

풋사랑의 먼동이
별 헤아리다
모닥불 피우는
토담 길을 걸어 나온다

손톱에 봉선화 꽃물
흰 달 같은 땡자꽃 마음
하늘수박줄기 주먹만 한 추억
별 헤아리다
붉은 순결 빙그레 피우던 고향

별 헤아리다
잠들었던 어린 시절의 베개
살 같은 친구들 도시로 가고
허허로운 뼈마디에 시린 바람
어머니의 무릎을 주무르며
시어를 채워보지만

고향 마을은 골다공증에 걸려있다

파도

갈매기화살
바위섬에 날아가
용트림하는 너를
덥석 물어 사랑을 한다

눈높이에 수평선을 그어
너와 나를 올려놓으니
아름다운 사랑의 무지개가 뜬다

파도는
쉬지 않고
사랑의 눈높이를
맞추며 흔들리고 있다

시

류인분

경북 구미 출생
한국방송통신대학교 국어국문학과 졸업
한국방송통신대학교 가정학과 휴학 중
한울문학 시 부문 등단
한울문학 문인협회 회원
문화예술교류진흥회 소속
한국문화예술유권자총연합회 회원
휴대폰: 010-8979-1999
메일: riv641@hanmail.net

여명黎明

류인분

펄만 있는 줄 알았던 서해
꿈 많은 어린 시절 밟았던
내 고향 낙동강변 뜨겁던 고운 모래
물고기 사이를
이곳저곳 맴돌다 내려앉은 듯
춘장대 해변에
예쁜 모래 무늬 새겨 놓았더라

바다 끝 어둠 저편엔
참되고 영원한 사랑을 꿈꾸며
바라보던 20대 때 그 태양이 숨어 있다가
마음속 뜨거운 열정 못 이겨 이글거릴 때
어느 희망으로 설레는 아침
내 인생의 선물처럼
여명黎明으로 다가왔으면 좋겠네.

황혼

학창시절
금빛 붉은색
금오산의 노을 바라보며
마음 설레던 때가 엊그제 같은데
미래의 희망에 뜨거웠던 가슴의 소용돌이
강물처럼 흘러가고
수많은 추억과 회한이 스르르 찾아와
눈처럼 휘날리지만
오늘 그대들을 바라보니
황혼의 고적孤寂이
추억꽃으로 붉게 피네

남과 북

바다를 가운데로
교동 서한리 말탄포와 황해도 연백 사이
썰물로 바닷물이 물러나니
온통 흙 섬
구릉 같은 흙섬 천지다
개울 정도의 물이
개천처럼 몇 개 듬성듬성
개울이지 바다일까
고라니도 건너왔다는
내 어릴 적 학교만큼
걸어서 닿을 수 있는 거리인데
무지개처럼 영롱한 다리는
언제쯤 생길까?
연백 고향 마을의 느티나무가 보인다는 이들
꿈속처럼 다녀오게

팔색조 연가

푸른 바다가 병풍인
황금색 들녘을 그대와 함께
바라보는 나는
두근두근 한 마리 팔색조

그대가 꽃잎이라 부르면
연분홍 꽃잎이다가

그대가 단풍이라 부르면
붉은 단풍 갈색 잎이기도 하다가

그대가 사랑이라 부르면
갯가에서 발장난 하던
추억을 안은
한 마리 사랑의 팔색조 되리

뜰이 된 들녘

풍요의 가을이 지나 찬바람이 불면
난 춥고 외로워서 슬펐어.
새들의 노랫소리 경쾌하고
들꽃이 눈짓하던 계절이 생각나서 몹시 아팠어.

풀숲이 내 마음을 채우기엔 이른데
그대가 내게 예술 같은 이름을 붙여주었고
희망과 그리움 안고 걸어 줄
그대를 맞을 마음에 가슴이 두근거려

삭막하게 버려진 줄 알았던 지난날 떨치고
오늘 바다와 하늘 들녘 바라보며
그대의 푸른 뜰이 될 꿈 꾸며 기다리고 있어

시

민 문 자

참 멋진 여자

참 멋진 사람

참 멋진 남자

참 멋진 청년

구마루 언덕

《한국수필》 수필 등단(2003)
《서울문학》詩 등단(2004)
부부시집 『반려자』(2006)
수필집 『인생의 등불』(2009)
부부시집 『꽃바람』(2010)
전자책(2014) 민문자 칼럼집 『인생에 리허설은 없다』
스피치와 시낭송 강사(문학의 집 · 구로)
서재 : 민문자.시인.com
카페 구마루 무지개 : http://cafe.daum.net/goomaroorainbow
이메일 : mjmin7@naver.com,
휴대폰 : 010-5256-4648

참 멋진 여자

민 문 자

열일곱 처녀처럼
청신한 여자

맑은 마음 미소 띤 얼굴
남 먼저 인사하는 여자

어떤 일에나 최선을 다하고
인내하는 여자

늘 진리와 지혜를 추구
인생을 가꾸는 여자

한밤중에도 전화를 걸어
대화하고 싶은 여자

1박 2일 함께
여행하고 싶은 여자

카메라 렌즈에
담고 싶은 여자

바로 당신
참 멋진 여자

참 멋진 사람

미소 띤 얼굴로 다정히 인사도 건네시고
몸 튼튼 마음 튼튼 남의 건강도 살피시며
인생사 진지한 문제도 멋스러운 유머로
필요한 때에 적절한 말씀 즐겁게 이야기해
늘 진리와 지혜, 참삶을 가꾸시는 사람

시낭송이나 세레나데도 수준급이어서
그를 만나면 이유 없이 기분 좋아
한밤중에도 전화로 목소리 듣고 싶은
먼 나라에 한 보름쯤 함께 여행하면서
카메라 렌즈에 담고 싶은 바로 당신

참 멋진 사람

참 멋진 남자

어떠한 어려움도 극복하는
뚝심 있는 남자

몸 튼튼 마음 튼튼
나의 건강도 염려해 주는 남자

적절한 유머로
즐겁게 해주는 남자

인생사 진지하게
대화할 수 있는 남자

필요한 때에 필요한 만큼만
이야기하는 남자

그를 만나면 이유 없이
기분 좋아지는 남자

가끔 시낭송이나 세레나데를
들려줄 줄 아는 남자

늘 싱그러움을
간직한 남자

바로 당신
참 멋진 남자

참 멋진 청년

새해 첫날 해맞이하는 정신으로
언제나 경건한 마음을 간직하며 사는 청년

진리 지혜 신념 용기 유머 건강 사랑이란 단어로
늘 깨어있는 자신으로 갈고 닦는 청년

국가를 위해서 무엇을 할 수 있는지 고민하고
나라가 부를 때 제일 먼저 '예' 하고 뛰어가는 청년

부모 사랑 형제 우애로 집안의 중심이 되고
친구 사이에서도 리더로 존경받는 청년

한 배우자를 위해 일생 변치 않는 마음으로
아름다운 가정을 가꿀 줄 아는 청년

어떠한 난관도 극복하고 솔선수범하며
자기 책임을 다하는 청년

암울한 세상도 행복한 세상으로 만들
청소년의 멘토, 약자를 보호하는 청년

언제 어디서나 빛나는 희망꽃
참 멋진 청년

구마루 언덕

서울 구로구 오류동에 자리한 아담한 언덕
봄이면 진달래 민들레 냉이꽃 피어나고
여름이면 하얀 찔레꽃 아카시아 밤꽃 향기
가을이면 아람 벌고 단감 빨갛게 익어가는 언덕
겨울이면 눈 덮인 산마루에서 눈싸움도 즐거워라
우람한 소나무숲길로 이어지는 등산로도 그윽한
서부 서울이 한눈에 내려다보이는 아름다운 구마루

빨간 기와지붕의 〈문학의 집·구로〉가 자리한 언덕
아침 햇살에 까치들 반가운 손님 온다고 깍깍대고
온종일 까투리 노랑딱새도 맞장구치며 노래하는 곳
날마다 참 멋진 사람들 찾아와 상기된 얼굴로
시낭송이며 고향 이야기로 아름답게 꽃피우네
밤이면 풀벌레 합창 소리에 별들도 무리 지어 놀고
찾아오는 이들에게 기쁨과 평화를 심어주는 구마루

시

송 동 현

비를 피하는 우산

라디오

섬

세 번

꽃

雪岩

본명 송계원

1975년 경기도 포천 출생

관동대학교 행정학과 & 교육학 졸업

방송통신대학교 국어국문학과 졸업

월간 《스토리문학》 시 등단

맥놀이창작동인 부회장

사랑방시낭송회 회원

방송대문학회 회원

도서출판 담장너머 대표, 시창작 강사

시집 『꿈을 펼쳐』, 『사랑 水』

연락처 : 010-8776-7660

E-mail : najinu@empal.com

비를 피하는 우산

송동현

잡을까 말까 떨리는 손끝
우산 밑 작은 공간의 긴장만큼 빠른 시간
그때 그 그때도 그리고 오늘 또
무표정이 바라보는 낙엽
바람도 비에 흔들린다

망설이던 숨은 이미 하나
가방 속 우산은 또 비를 피했다
그녀의 우산을 같이 쓰기 위해
존재를 감춘 채

라디오

보지 않아도 좋은 사람
목소리만 들어도 좋은 사람
멀리 있어도 좋은 사람이 있지요
가슴 한켠에

얼굴만 떠올라도 좋은 사람이 있지요
사랑 그 지난 뒤에 남은 조각쯤은
못 잊어도 되잖아요 숨결은
사랑인데

섬

손도끼에 튀어 오르는 얼음 조각
조각들이 하얀 언덕을 만들어갈 때쯤
섬이 만들어졌다
긴 장대로 물밑 바닥을 밀면
물길을 거슬러 오른다
한참을 버티며 물결과 놀던 섬
소리도 없이 갈라진다 둘 셋으로
겁에 질린 친구에게서 내가 보인다
흠뻑 젖은 우리를 웃는 형들
같이 젖은 동생들
모닥불이 지펴지고
따듯함에 검게 그을린 옷
어머니의 한숨을 불러온다

세 번

시간을 죽이다 문득 눈에 들어오는 이름, 깊이 각인된 인연은 아니지만 목소리라도 듣고 싶네요. 막상 할 말은 없지만 그래도 걸고 싶은 때가 지금이네요. 아무렇지 않은 척 메일주소만 묻고, 몇 글자 적네요.

며칠이 지나도 대답 없는 메일 매일, 혹시나 바람에 흘러간 향기 간직했을까 로그인을 하네요. 휴지통에 들어갈 편지들만 잔뜩, 돈 내라는 청구서는 시퍼렇게 눈뜨고 있네요. 세 번째 이번에도

꽃

내리는 시간들이 비처럼
차가움을 하얗게 밀어내고
까만 밤 수평으로 달리지
터널을 지나는 눈길

눈꽃 하얀 세상은
꽃눈을 품어 안고 싶지만
시간을 빌려야만 하지
언제나 외사랑 외눈

손잡고 달리던 꽃잎들
바람 일면 이슬 머금은 꽃눈
눈꽃들을 잊으라 말하지
초록이 번질 때

시

신영자

청춘

자목련

갈대의 꿈

인생

청매화 피는 봄

충남 천안 출생
동덕여고, 한국방송통신대학교 국문과 졸업
1999년 월간 《한국시》 신인상 등단
한국문인협회 회원
한국시조시인협회 회원
한국시 문인회 서울시 부회장, 심사위원
한국여성시조 문학회 이사
방송대문학회 고문
2005년 한국시 시조부문 대상 수상
2010년 35회 노산문학상 수상
시조집 『어머니의 정』
연락처 : 010-5297-4735

청춘

신 영 자

태양의 둥근 빛에 열정을 태워 올린
바램의 차오름을 기약한 젊음인데
생애에
가두어 버린
하얀빛의 기억들

그리움 여백 위에
무수히 남긴 자국
꿈인 듯 사라지는
어느 날의 행진인가
하늘에
높이 올려진
향기 담긴 술잔을

눈부신 설레 임에 순간의 세월 담아
맨살의 아픔 실려 달아난 너울 속에
나그네
휘파람 소리
파랑새의 노래를

자목련

비단결 꽃망울로
한 시절 피어남을

긴 겨울 마음 달군
설렘 달래였나

봄비에
흔들리는 여심
넘나드는 한숨 소리

임 마중 수줍음에
숨어 올린 환한 미소

꽃잎이 진 뜨락에
자줏빛 웅성이며

덧없이
가버린 풍광에
그리움을 탐한다

갈대의 꿈

흰 꽃잎 풀어 올려 내심을 흩날리어
무심히 흐른 세월 빈 가슴 달래 주나
날마다 석양의 노을빛 울음소리 타는데

인생

옥비녀 곱게 꽂은 언약의 귀밑머리
한생 전 굴레
 속에 매만져 올린 세월
찬바람 사립문소리
임의 발길 헤이나

명주옷 가다듬어 시린 정 여미운 채
통한의 눈짓으로 서둘러 떠난 세월
겨울밤 다듬이 소리
설움 되어 울린다

청매화 피는 봄

청매화 피는 속살
봄볕에 감기우며

긴 겨울 새운 잠에
눈 트인 눈부심을

하얀 꽃
나그네 발길
매화 골에 서성인다

속삭인 밀어 속에
임의 뜻 헤아린 듯

꽃잎에 미소 담아
벌거벗은 몸짓이라

긴 하루
기다림의 모습
설화 핀 듯 고와라

시

우 재 정

오월의 장미

마음 편히 살고지고

밤가시천

대설

팥죽을 앞에 놓고

부산 출생, 명예문학박사
월간 문학공간(시) 등단, 월간 조선문학(풍시조) 등단
한국문인협회회원 남북교류위원
한국본부국제펜클럽 회원, 죽정문학회 회장
경기문협 제도개혁위원장, 한국작가 중앙위원
문학공간중앙위원, 조선시문학회 회장,
하남문인협회 5~6대 회장 역임, 하남문협 고문
하남예총 감사, 한국시낭송가협회 이사,
세계예술문화아카데미 회원, 21c아카데미 회원.
경기도예술상 외 다수 수상
저서 『그리움의 여백』, 『하늘바라기』, 『아버지의 뜰』
『동행』, 『바람에게도 길은 있더라』 외.
이메일 : wjj1945@hanmail.net
휴대폰 : 010-2393-1158

오월의 장미

우 재 정

햇살도 제 신열춤에 지쳐
걸터앉은 담장 위로
스물다섯 겹의 빨간 장미

초록빛 가슴에 들어와
사랑을 포갠다
꽃물이 든다

피로는 물들 수 없는 꽃물
사랑

마음 편히 살고지고

10월 말 백암산 죽정 농막을 텃밭으로 불러들여 놓고
한 아름 한 아름 쌓아놓은 콩단 모습
세상일 마음 편하게 내게 맡겨준 부처님 모습이다

나뭇잎 바람에 스치는 소리
겨울 손님 오시는 기별일까
은은한 산 향기가 배어 있어
시들한 삶에 맑은 바람을 일게 하고
허세와 과시 거드름 내려놓고
흙 향기 맡으며 서 있는 자리가 정토淨土라는 것을
가슴에 새겨본다

백암산은 아버지와 함께 새로운 지평이 열리게 하고
소월의 "산유화"에서처럼
가을 봄 여름 없이 꽃이 피고 지니
부족함이 많은 일상에 울림이 있어 마음은 부자다
얼마나 소중한 삶 터인가

밤가시천川

백암산 북쪽 끝자락 발원지 삼아
무심히 흘러내리는 밤가시천川
냇물은 분별없이 흐르고
달빛은
수심 깊이 내리비춰도 물 위엔 흔적 없고
산 지천으로 핀 들꽃들은 빛과 향기 모양만 펼쳐 보일 뿐
무심히 피고 지네

바람 소리 새소리
듣는 이 없어도 소리와 소리로
무위의 화음으로 화답하고
무심히 사철 따라 변주하네

산새들의 지저귐 귓전을 후비고
지천을 소리 향기로 가득 뿜어내어도
흔들리지 않는 백암은 함묵의 거산

무심도 천근 무게였기에
빈 마음으로 고요 속에
낚싯줄을 드리우고 내려앉은 산 그림자를
밤가시천은 무심無心히 홍천강 가로질러
바다로 흘러가네

* 백암산(1,099m)은 내촌면 와야리에 있는 오지의 산, 홍천 5경으로 유명한 가령폭포와 연계된 숲길

대설
– 메주를 쑤며

눈[雪]으로 오시는 손님
걸음걸음에 발자국이 찍힌다
창밖의 풍경을 배경으로
어머니와 할머니의 얼굴이 보인다

내 유년의 산수傘壽를 앞에 하신 79의 할머니
불혹의 나이에 날 낳으신 어머니
눈 내리는 너머로 세월의 문지기가 된 듯
1세기의 세월로 접히고 반세기로 다시 접힌
유년의 저쪽으로 눈은 내리고

어머니는 콩 한 가마니를 세미 물을 퍼 올려
메주를 쑤시고
딸은 콩 한 말을 수돗물로 메주를 쑨다

콩이 무르익을 때면
졸망졸망 이야기꽃들이 피어오르고
신 새벽녘 퍼 올린 황금 콩알마다
정겨운 어머니의 체취와 할머니의 덕담이

이슬로 맺혀 흘러내려 뿌옇던 창문
창밖으로 흩날려 백설로 새벽을 재촉하고
손끝도 부실한 반백에 주름 잡힌 세월
어머니의 품에 안겼던 그 시절을 세월로 하고
어느덧 할머니 나이 다되어
황금빛으로 우러난 메주처럼 아린 가슴
퍼렇게 물이 든다

팥죽을 앞에 놓고
–동짓날을 추억하며

사구에 가득채운 팥죽
장독 위에 하늘을 보고 놓여있다
하얀 저고리치마에 하얀 행주치마를 입으신
손을 모으며 고개 숙인 어머니의 모습
눈앞에 서 계신다
행운을 염원하시며 액운을 물리치시고
기도하시는 어머니의 모습이었을성 싶다

팥죽 그릇에 새알심이 하얗게 고개를 내밀고
빨간색의 팥물이 엉겨 태양의 부활을 꿈꾸며
내일을 약속한다

믿고 싶다
어머니가 염원하셨던 마음으로
기도하며
삶이 하나의 흐름이란 것을 실감한다

* 사구 : 둥글넓적하고 아가리가 넓게 벌어진 질그릇.(경남지방 방언)

시

우 재 호

J에게

벌초

가지치기

산다는 것은

배추흰나비의 추억

南村
경북 문경 출생
서울과학기술대학교 산업대학원 건축공학과 졸업
한국방송통신대학교 국문학과 졸업
한국문인협회 회원
국제펜클럽 한국본부 회원
현대시인협회 회원
HP:010-9063-1938
E-mail: archpe@hanmail.net

J에게

우재호

긴 여름 해가 마지막 열기를 토해내는 퇴근길 버스
더위에 지쳐 졸고 있는 사람들에게 버스기사가
이선희의 철 지난 유행가를 들려주고 있다

중동의 열기 속에 빠져 있던
나의 80년대 중반
미친 듯 몰아친 할라스 바람이 한 사람을
붉은 사막 그 끝을 알 수 없는
구덩이 속으로 밀어 넣었다

아랍인을 닮아 사우디 말을 잘하는
그는 J라는 아내의 사진을
늘 지갑 속에 넣어 가지고 다녔다
축축한 눈으로 바라보다간
아쉬운 듯 다시 집어넣곤 했다

그의 하얀 알루미늄관에
태극기 한 장을 달랑 덮어주곤
화물칸에 태워주고 돌아오는 길
우리는 J에게 라는 노래의 볼륨을 높였다
자꾸만 손등으로 두 눈을 비비며
그건 붉은 흙먼지 때문이라고 생각했다

벌초

이태 만에 찾은 부모님 산소
아까시나무는 허락 없이 뿌리를 내렸고
키를 넘게 자란 무성한 잡초들
봉분을 점령하고 있다
예취기의 굉음
매캐한 매연에 머리가 어질해진다
나는 물에 빠진 생쥐처럼 온몸이 젖어 오나
산소는 제 모습을 찾아간다

명절 때마다
엄마는 미장원에 들러 머리를 자르고
양귀비로 염색하곤 했다
그럴 때마다
양귀비를 받아들이지 않는
몸은 퉁퉁 부었다

살아생전에는 양귀비도 못 받아 들였던 엄마
무성한 잡초는 어떻게 받아들이고 있을까?
살다 보면
세상에 받아들이지 못할 일은 하나도 없단다
무덤가 영산홍 너머 엄마의 고운 음성이 흐른다

가지치기

출근길 얼핏 들려오는 비명
장대 끝에 매달린 은빛 톱날 밑에서
플라타너스 가지들이 부들부들 떨고 있다
전쟁의 상처가 막 아물던 시절
마을 외진 곳 낡은 집에는
홀로 사는 상이용사가 있었다
검은 선글라스, 하얀 금속성 의수
그가 마을에 나타나면
우리는 겁에 질려 뒷걸음질 쳤다
어느 봄날
그는 동네 꼬마들을 양달로 불러 모아
세상 이야기 들려주며
가끔 먼 산을 바라보았다
그때 사내의 그렁한 눈은 사슴 같았다
길 건너 약방을 바라보다
소리 없이 마을을 떠난 사내와 머큐로크롬을 생각한다
플라타너스 어깨에 듬뿍 발라줬으면

산다는 것은

빙판길에 자전거가 미끄러진다
어린애들의 볼타구니를 닮은 사과들이
빙판 위를 내 달리고 있다
시커멓게 멍든 사과들은
씹다 버린 껌처럼 겨우내 아스팔트에 달라붙어
세상에 짓밟혀 짓무른 얼굴들을 닮았다

사내가 도망간 사과들을 따라 내달릴 때마다
매달린 목도리가 떨어질 듯 위태롭게 흔들린다
찌그러진 종이상자에
터진 사과들을 주섬주섬 집어넣곤
조심스레 자전거 위에 올라탄 사내의
뒷모습이 외줄 위의 어름사니 같다

산다는 건
자꾸만 미끄러지는 짐자전거 같은 걸거야
혼자 중얼거리는 사내의 뒤통수에
햇살 한 줌이 머무르고 있다

배추흰나비의 추억

북한산 선인봉 가는 길 배추흰나비의 추억이란 바위길 밑에 섰다. 올려다본 바위가 까마득하다. 두렵고 떨리는 가슴을 진정시키며 올라오라고 손짓하는 바위의 유혹에 바위를 오르기 시작한다. 생명줄 꽉 움켜쥔 볼트에 팽팽하게 당겨오는 자일의 감각. 크랙을 지나 경사 급한 슬래브길 다리에 힘을 주고 바위를 후벼 파며 힘겹게 발걸음을 뗀다. 슬며시 밀쳐내는 바위의 손길 스르륵 밑으로 떨어진다. 9밀리 자일이 내 목숨을 대롱대롱 매달고 있다. 돌 틈새에 뿌리박은 애늙은이 닮은 소나무가 애처로운 눈길로 바라본다. 산 그림자가 밀려온다. 하강기를 타고 바위를 내려간다. 그토록 접근을 거부하던 바위가 그새 정이 들었다고 아쉬워한다. 느릿느릿한 세상으로 돌아가는 순간 무리 진 나리꽃에 배추흰나비 한 마리 바람 한 줄기에 파닥거리며 앉아 있다.

시

이 건 원

한길
큰모임
아침 바다
낙엽
하늬바람

法名 徹善
전남 영광 출생
한국방송통신대학교 국문학과 재학중
한국윤리학회 · 대한수리논리학회 종신회원
The American Mathematical Society Life Member
서울대학교 공과대학 철학 강의
저술 『다수언어상황에서의 의미론』
『Semantic Base for Scientific Theory』
공저 및 번역 『논리연구』, 『문제를 찾아서』
『현대철학의 쟁점은 무엇인가』, 『언화행위』
휴대폰 : 010-2332-6218

한길

이 건 원

동트는 새벽에
닭소리 퍼지니
또 하루 새날이
우리를 깨운다
한맘에 모이는
힘이 되어 퍼진다

밝은 날 바람처럼
멍멍 개 뛰다니는
땀 속에 웃음 짓는
젊음이 들에 서니
하나 되 일하는
하루가 기운다

검붉은 저녁 하늘
새소리 구성지게
저녁에 모여드는
얼굴들이 새롭다
하나로 모여서
감사한 마음 전한다.

* 2014년 7월 21일 월요일 이화도서실에서 建源

큰모임

한여름 보슬비
더위를 잊으니
봉은사 앞 무역회관
온 누리의 학자 오천
새 시대 한 민족의
큰 모임이 이뤄지네.

* 2014년 8월 세계수학자대회 COEX Seoul 建源

아침 바다

짙은 안갯속
뜨는 해 바람 같다

아침에 돌아오는
고깃배 바닷가다

조용히 상에 앉자
동남 해 바다 향이

여름 해 담고 담고
저 푸른 산이 뜨네

푸른 섬 여기저기
흰 방울도 줄을 섰다

달리는 차 속에서
남해를 알아보네.

* 癸巳 小暑節 거제도에서 建源

낙엽

늦가을 맑은 해
지는 잎이 흩날린다

연못의 물고기도
한가히 헤엄친다

창경궁 길 흙도
비 온 후에 먼지 없다

노란 잎 붉은 잎이
푸른 숲에 섞여 있고

골 깊은 고목도
굽은 가지 지탱하고

서늘한 가을바람
한 해를 추스른다.

* 2014년 10월 25일, 토요일 창경궁 산보 建源

하늬바람

잎 잃는 가지가
하늘하늘 춤추고

붉은 잎 노란 잎
흘러지는 잎사귀

늦가을 교정에
낙엽을 뿌린다

올해도 기울고
또 새잎이 나련마는

흰머리 다시 검기는
쉽지 않은 우리다

다시나 살지라도
마무리는 있어야지.

* 2014년 11월 2일 통신대학교 도서실에서 건원

시

이동숙

미안해요

강구항

속 빈 무

허기짐

민들레

2005년 11월 《문학21》 시 등단
한국방송통신대학교 재학 중
한국문인협회 회원
파주문학회 회원
방송대문학회 회원
수용미학 문학상 수필부분 수상
시집 『말이 고픈 날』
이메일 : dongsook1118@hanmail.net
휴대폰 : 010-6245-4783

미안해요

이 동 숙

거꾸로 가는
시간 열차를 탄 그녀
딸이 만든 흑임자죽 한 종지 비우고
맛있다
맛있다
희미한 웃음이 얼굴에 번진다
더 드시라 권해도
수발하는 딸 힘들까 봐
아니라 손사래 치신다
일흔아홉 번째 생신날
한사코 말리는 손
모른척하고
다음을 기약할 수 없는
미어짐으로 큰절을 한다

미안해요
미안해요
엄마

강구항

시간을 뛰어넘은 거북선이
강구항에서 출정 준비를 마치고
명령만을 기다리고 있다
여행객이 붐비는
충무할매 김밥집 모퉁이를 돌자
백석의 가즈랑이 시가 적힌 담벼락 앞에
수국이 피어 비릿한 바다 내음을 머금고 있다
풍물장이 열린 좌판 앞에서 서성이다
앙증맞은 머리핀 하나를 사서 머리에 꽂는다
통영
그 남자가 그리워하던 여인이 살던 곳
그가 절망하던 바닷가
시간과 시간이 섞여서
흥청인다

속 빈 무

무 한개 꺼내와 반을 잘랐더니
속에 바람이 들어 푸석하다

어릴 적 뒷마당 한켠
허름한 김치광 옆
애장터 같이 볼록 나온 무 저장고
짚으로 베개처럼 만든 마개를 뽑고
조선무 한 바구니 꺼내어
부엌으로 오신 어머니
무쇠 칼로 반을 자르시고는
나 닮아서 속 비고 썩었구나
그 말씀 귀 흘려들었는데
지금 어머니 나이가 되어
자식들 출가시키고
뼛속까지 텅 비어선지
무릎에서 찬바람 나온다

내 이야기
책으로 엮으면 열권도 넘는다며
속으로 삼키시던
늘 말 고팠던 내 어머니
한 줌 재가 된 지금도 여전히 그러실까

어머니
지금도 말 고프신지요

허기짐

기말고사를 이틀 앞둔
허기진 밤
한동안 점도 하나 찍지 못하던
시가 쓰고 싶어졌다
시답잖은 것도 공부라고
머리에 들어오지도 않는 책 펴느라
점 하나 찍기도 얼마나 무거운지
시가 뭘까
모르겠다
그냥

.

하나 찍고
시작 노트를 덮었다

민들레

모처럼 놀러 온 손자가
할머니 얼굴이 민들레꽃 닮았단다

찬찬히
돋보기를 쓰고 봤다
정말 민들레꽃을 닮았다
허둥지둥
서둘러
꽃집을 열었다가
그냥 덮었다
침상의 누워있던 민들레가
투박한 남편의 손을 잡고 묻는다.
여보, 나 수술 잘했어요.
으…… 응
간신히 답을 하고
마음을 숨기며
꽃대를 쓰다듬다 속울음을 울었다

시

이복연

만삭 여인

산책길

동행자

프란치스코 교황

국제시장에 다녀오다

산영(山影)
충남 천안 출생
한국방송통신대학교 교육학과 졸업
서울대학교 인생대학 졸업, 서울시인대학 졸업
보육교사 1급, 동화구연가 1급
국보문학 시 부문 신인상수상(2010)
서울시인대학 교무처장 역임
국보문학협회 총무국장 역임
서울시인대학 『첫 만남의 기쁨』 편집국장 역임
방송대 문학회 부회장, 동작 문인협회 회원
한국낭송문학 협회 회원, 시낭송가
휴대폰 : 010-9068-9681

만삭 여인

이 복 연

별들의 눈이 반짝이는 날
파란 하늘엔
만삭된 여인
환한 웃음으로 가쁜 숨 몰아쉬고

며느리 시어미 마주 앉아
솔잎 깐 소쿠리에 담는 반달
눈으로 주고받는 이야기

상처와 원망
미움과 편견
둥글어지는 송편 속에 담아두고
그네 타는 한가위

온 세상 모두
함박웃음 터뜨리며
더덩실 돌아가는
밝은 달만 같아라.

산책길

물안개 코끝 스치는 자욱한 아침
밤새 쏟아진 장대비
계곡을 할퀴고 지나가는
그 격랑의 한가운데 서서
쓸쓸한 가슴 생기로 감돌고

길가에 핀 샛노란 달맞이꽃
푸른 기운 받아 너울너울
가슴 시려 길밖에 서지 못하는
싱싱한 눈빛 환한 웃음

건강미 넘치는 산천초목
깨어지던 폭포수 줄기로
절벽을 오르고
새소리 물소리 생명의 소리
계곡마다 피어나는 향내와 솔 내음
향기에 취한 우주의 소리

원추리 꽃길로 열리는 지리산 피아골
초록의 정기 받은 메마른 땅 아래
고독한 예술가를 마음으로 만나고
생기 돌아 싱그런 아침의 함성을 듣는다.

동행자

가을빛 고운 날
우연처럼 다가와
얼굴 스치는 는개처럼
예그리나* 되어
함께 가는 사람

아이들 앞에 앉혀
동화 구연하는 표정
환한 미소 건네며
눈동자 속에 어린
다른 모습 본다

인생의 길목에서
햇살과 바람
구름과 비도 모두 품는
그대는 신선한 숨이기를

오색 영롱 꽃잎 속으로
빨려드는 정
가슴속까지 피어나는
순수함의 별꽃으로

두둑 길에서 꽃춤추는 구절초
오늘을 노래하며
고추잠자리 날개 타고
아득한 내일로 한없이 날아가는
옥색 치마폭을 저어가는 다리미.

* 예그리나: 순수한 우리말로 "아름다운 우리 사이"란 뜻

프란치스코 교황

당신이 계신 동안
온 나라는 하나였고
우리는 한없이 따뜻했습니다

섬김의 왕으로 오시어
당신이 기다리기에
정화수로 마음 씻고
대문 앞엔 등불 밝혀두었습니다

그늘진 곳, 순수한 어린이, 버림받은 자, 상처 입은 자
사랑의 손길로 어루만지면서
인간미 넘치는 소탈한 행보로 향기 날리며
소통과 공감의 맑은 표양 손수 보이시며
벅차오른 가슴엔 소담한 장미꽃 심어주십니다

모든 이를 차별 없이 끌어안아서
마음마다 커다란 호수 하나씩
사랑의 물로 채워주셨고
평화와 행복의 배를 띄웠습니다

이웃을 향한 불신적 적대감 가져가시고
열린 마음으로 소통과 화해를
봉사와 배려를 실천하여
세상 비추는 등대 되라고
우리에게 가르쳐 주셨습니다

훌륭한 영성을 지니신 교황님
당신이 뿌려놓으신 사랑과 용서로
가슴 울리는 평화의 씨앗 되어
울창한 숲 이루렵니다.

국제시장에 다녀오다

기다리거나
간 맞추지 않아도 되는
그저 발길 따라 머문 곳
장안의 화제작 국제시장이 있다

열기 또한 대단한 듯
삼삼오오 짝을 이뤄
웃음 나누는 사람끼리 어울려서

초대형 스크린을 주목하는 별무리들
손수건을 꺼내 눈을 찍으며
여기저기 눈물바다

바다가 보이는
허름한 집 옥상에서
노부부 나란히 앉아
옛 기억 회상하며 출발하는
50~70년대를 살아온 우리의 이야기
삶의 애환, 국제시장

갑자기 가장이 된 어린 아들
마지막으로 건네준 아버지 부탁
유언을 생명처럼 안고
가족 위해 힘겨운 삶을 엮어 가는데

지금은 이해하기조차 어려운
덕수와 달구의 진한 우정
맏이로 태어났기에 희생과 고난의 아픔
고스란히 겪으며
장남으로 가장되기 위해 살아온
남편과 아내의 아픔과 어려움
차마 들어내지도 못하고
속울음으로 흐느꼈던 삶

흥남부두에서 유언처럼 들었던
아버지의 마지막 부탁을 굳게 지키려고
서독 광부로 지원하여 파송되고
탄광에서 죽을 고비를 넘기면서도 이를 악물고
월남 전선에서 다리를 다치는
격동의 역경을 겪으면서도
선장이 되고 싶었던 그때 그 시절의 꿈을 접고
세월을 흔들림 없이 살아온 그들

흥남 철수 때 잃어버렸던 여동생 찾아
찢겨 끊어진 옷소매 품고 이산가족 찾기
대중매체를 통해 끝내는 찾고야 마는
온 가족이 화목한 행복으로 막을 내리는
오늘의 한국을 일군 세대들의 이야기에
진한 눈물을 흘리게 한다.

"아부이여, 가장 노릇하기 정말 힘들었습니다."

시

이상동

사랑
성혼 축시
둥지
忍
진심

白鳳
경북 울진 출생
2010년 한울문학 시 등단
방송통신대학교 국어국문학과 졸업
(사)숲힐링문화협회 평생교육원장
방송대문학회 부회장
공저 『하늘빛 풍경』
『내 가슴이 너를 부를 때』
현) (주)시연건설 부사장
휴대폰 : 010-8861-0235
이메일 : lsd7125@hanmail.net

사랑

이 상 동

고통은 나를 깎아서
더 많은 풍요를 주기 위한 시험일까

현실의 고달픈 바람결에
그대와 나의 애틋한 연정에

어둠이 총총히 박히는 새벽이슬
영롱한 기억 속에서 무엇을 갈구하는가

너의 가슴에 살포시 얼굴을 묻고
나의 영혼에 꿈처럼 피어오르는 애무

고통은 고통을 낳고
비정한 현실은 사랑과 갈등을 넘나드는데

희망을 기억하면서
당신의 축원을 포옹해 봅니다.

성혼 축시
-제군과 강양

月 香 我 (달빛 향기에 자아를 다듬고)

淸 風 空 (맑은 바람에 겸손함과 신중함으로 효도하고)

忍 耐 心 (행복이란 서로가 가까이에서 살포시 안아주고
무조건적인 사랑에서 싹트는 것이다.)

둥지

시련 속에 젖어오는
두 눈 속

지친 몸 비에 젖고
당신도 나와 같이
이 밤 갈구 하나요

기대서서 흐느껴 우는 당신
내 마음속
심장으로 들어와
당신의 고독한 이 밤

나는 당신의 별이 되어
영원히 동행할게요.

忍인

우리는 처음 만나도
지금은 아름다운 사랑을 꿈꾸고

마술 걸린 사람처럼
아름다운 사랑
아름다운 인연을

그대와 나
영원히 깨기 싫은
아름다운 행복을 갈구하고 싶다

그대의 꿈속에서
나 사랑을 노래하고
그대의 보슬픈 향기를 간직하고 싶다.

진심

내가 당신을 사랑하는 것은
가식이 아닙니다

내가 당신을 사랑하는 것은
마음 우물 속 깊숙이 당신의 진실을
느꼈기 때문입니다.

내가 당신의 생명
다하는 순간까지 사랑하는 것은
당신의 심장을 나의 화살로 느꼈기 때문입니다.

내가 어디에 있더라도
마음은 항상 당신의 심장에서 펌프질을 도울 것입니다
그리고 당신을 사랑하는 것은 나의 눈물, 마음입니다.

시

이순애

아시안 컵 경기

항구의 밤은 깊어

눈물 밥

절규

충남 논산 출생
한국방송통신대학교 국어국문학과 졸업
한국방송통신대학교 문화교양학과 재학 중
독서 지도사
문파문학 시 · 수필부문 신인상 등단
한국문인협회 회원
문파문학회 부회장
시계문학회 회장
방송대문학회 부회장
공저 『바람이 창을 두드릴 때』 외 다수
휴대폰 : 010-4187-7232

아시안 컵 경기

이 순 애

공이 구르는 길
꼴인 점을 향한 돌진
차고 차는 혈투
숨 쉴 수 없는 긴장 속
아슬아슬
이 분전의 꼴 – 인 동점
하늘 무너져라 튀어 오르는 함성
눈물의 박수가 펼치는
힘찬 태극기에 한마음
섭씨 천도의 불꽃으로도
오십오 년 만의 우승컵 기대 깨어짐은
월드컵 위한 빛을 잡게 함이리라
누릴 수 있는 기쁨의
후회 없는 공
오로라 쇼처럼
화려하진 못해도
별빛
꿈속
대한민국이 구르고 있다

항구의 밤은 깊어

어둠은 까마귀 눈동자
갈매기 날갯짓 타고
꿈틀대며 찾아온다

모래알 만지듯
어둠을 한 움큼
쥐어 본다

맴돌던 물새 울음소리
등대 품 파고드는데
하늘의 별들 내려와
바닷속 초록 길에 서성인다

하루라는 짐을 내린 빈 배
엉덩이 들썩임에 나이를 먹고
춤으로 시간을 잰다

항구의 밤은 적막으로 고개 돌린다

눈물 밥

먼 날에
새 주소로 옮겨 간 후
그곳 소식 궁금하더니

별들이
떠받들고 있는 달처럼
흩날리는 하얀
눈송이 타고 오네

추억은
더운 눈물로
내 슬픔 만지는데

빈 수저에
눈물 밥 한술 떠드신 후
사위어 가는 눈송이 타고

먼 길
떠 나 는
이
밤

절규

다하지 못한 사랑
미소 짓다 만 웃음

여리 여리한
어스름 창가

쓰러질 듯 비틀거리는
하루가

야위어진 손을 흔들며
어둠의 강을 건넌다

종잇장 찢듯 부서지는 육신의 통증
꿈속에서나 달래주려나

시

이현욱

별을 그리며

수준을 높이는 넥타이

겨울의 길목에서

배추는 수다를 싣고…

시란

한국방송통신대학교 국문학과 졸업
서울문학 등단
한국문인협회 회원
한국현대시인협회 회원
강남문인협회 회원
방송대문학회 사무국장
휴대폰 : 010-3375-8517

별을 그리며

이현욱

자장면 집에서
나를 위해 가방을 뒤집는 아이가 있었다
은색 동전을 쏟아놓으며
내게 자장면을 사줄 수 있는 그 날이
오늘이라며 아주 기뻐했다
홀로 뒷바라지하는 어머니가 주시는 차비로
동전 하나씩을 모은 거라 하였다
"지지 않는 예쁜 별로 살게 해줄게, 조금만
기다려 줄래?"
'이 상황에서 이 애는 어떻게 별을
끌어다 붙일 수가 있지?'
도무지 무슨 말인지 알 수 없었지만
수북한 동전이 생각나 나는 그냥 웃고만 있었다
그 후로 되도록 멀리 떨어져 나는 살았고
그 애는 명문대학교 사범대에 입학했다는 소식을 들었다
중고생이 된 우리 아이들에게
어쩌다 묻기도 했다
비슷한 이름의 선생님이 학교에 있는지
그리고 가끔씩 자장면 위에 은빛 동전이
움직이는 별이 되어
반짝거리는 상상을 하기도 한다

수준을 높이는 넥타이

유리 벽 속에 유영하는 물고기처럼
아름다운 무늬의
조합으로 이루어진
그 매듭 속에
잠시
자유로운 영혼을 가두고
자존심의 척도로
잘 정돈된
힘찬 깃발이 되어
셔츠의 각을 바로 잡는다

겨울의 길목에서

겨울바람은
초록 나무의 심장을
무디게 하더니
화려한 단풍나무 날개옷을
마구마구 흔들고 있다

가을이
으스름달을 바라보며
설움을 안은 채
맨발로 저만치 떠나고 있다

배추는 수다를 싣고…

우리 집 김장을 위해
동네 아줌마들이 모처럼 한자리에 모였다
"멸치액젓 대신 까나리액젓 넣어봐"
"찹쌀풀 대신 밀가루 풀, 아니면 밥을 갈아 넣든지
"생새우가 너무 많아 대신 굴을 좀 넣어봐"
"양파랑 미나리는 빨리 쉬니까 넣지 말고"
"새우젓 대신 갈치속젓 넣고"
"배만 갈아 넣지 말고 사과도 좀 넣어"
"무채를 굵게 썰어 넣으면 섞박지처럼 먹기가 좋아"
하루 종일 왁자지껄, 시끌벅적
그때 푸짐한 보쌈 한 접시가
아줌마들 수다를 멈추게 했다
그리고 된장 풀어 끓인 배춧국 등장엔
감탄사가 저절로 나왔다
"너무 시원해~ 배춧국 최고야!!"
자 그럼 오늘의 수다 경기는
한 입 감탄사로 의견을 모아준
배추가 '갑' 인걸로
정하면서 끝을 내겠습니다

시란

시란
투명한 심상도화지에
마음의 고운 선을 그리고
아름다운 언어의 빛깔로
채색을 하는
수준 높은 영혼의
날갯짓이다

시

장 광 분

덕수궁에서

비 오는 날에

작은 꽃의 유혹

작은 무덤

12호실

예정
경기 안성 출생
순수문학 신인상 등단
한국방송통신대학교 국문학과 졸업
한국 문인협회 회원
한맥문학가협회 회원
서대문 문인협회 사무차장
방송대문학회 사무국장
공저시집: 『시를 쓰는 나무들』
『갈매기 날개짓에 바람이 일어』 외
연락처: 010-4480-0421

덕수궁에서

장광분

옛 향기를 내 뿜으며
도심 속의 덕수궁이 도도하다
안주인의 치맛자락 스치는
소리가 들리는가

비 오는 늦가을 고즈넉한 궁
가슴 아픈 사연들을
옷도 입지 않은 석어당은
기억하리라

바람이 지나며 뿌려주는
곱디고운 나뭇잎들
슬픈 사연 사라지고
꿈속에서 헤매듯
나뭇잎과 돌며 노닌다.

비 오는 날에

추적거리며 비가 내리는 날
그곳에 가고 싶다

긴 담뱃대 물고 하얀 연기 내 품는
아버지가 기다리고 계실 것 같아
그곳에 가고 싶다

풀을 뽑다 한숨 몰아쉬며
먼 산 바라보는 어머니가 그리워
그곳에 가고 싶다

지즐대는 새 소리 따라
뛰어노는 계집아이를 만날 것 같아
그곳에 가고 싶다.

작은 꽃의 유혹

도심 속 작은 화원
무수히 많은 작은 별들
그들의 아름다움이
지나던 길을 멈추게 한다
우울한 마음을 웃음 짓게 하고
시름을 잠시나마 잊게 해준다
작아 보이지 않을까
함께 뭉친 그들의
유혹에 주저앉아
나 또한 꽃이 되어 즐거워한다

작은 무덤

시골 마을 뒷동산 무덤 하나
고만한 아이들의 놀이터가 되어
제 머리 깎이는지를 모른다

'그래 더 멀리 뛰어 보려무나'

탯줄 끊고 세상에 나와
천둥벌거숭이 지나
빛이 되는 어른 되기를 바랬을
머리를 내어주던 무덤도
뒷동산도 사라졌다

무덤 위에서 뛰놀던 아이들은
어디로 갔을까

12호실

대학병원 12층 5동 12호실
1% 확률에 붙잡혀 입원한 환자
가족들에게 애써 웃음 지며
깡마른 손을 건넨다

지금까지 앞만 보고 달려온 삶
내일 죽어도 사과나무를 심겠다는 말을
입버릇처럼 하던 아이들 고모부

입가에 허탈한 웃음을 흘리면서
1%짜리 기막힌 인생이라고
붉은 꽃보다 더 붉은
삶의 비망록을 쓴다.

시

조태식

아버지

어머니

향수

새벽 3時

그 이름 불러봅니다

예명 趙明來, 경남 昌寧 출신

韓國音樂著作權協會 회원

韓國演藝藝術人總聯合會, 韓國歌手委員會 운영위원

현대시선 시 · 수필 등단, 현대시선 가작상 수상

현대시선 문학사 홍보위원

한국방송통신대학교 국어국문학과 수료

방송대문학회 부회장

夢작가夢미디어 문예예술영화 "夢" 출연

대중가요 〈꿈인줄 알면서도〉, 〈임떠난 항구〉, 〈가을사랑〉

강북문화예술회관 "올해의 우정상" 수상

휴대폰 : 010-5478-4755

이메일 : jts261@hanmail.net

아버지

조 태 식

아버지는 내가 철모르던 시절 14세 되던 해
그해 여름에 돌아가셨다
어린 나이
'돌아가셨다' 는 그 뜻이 무엇인지도 잘 모른 채
운명하시던 전날 밤
마지막 아버지의 목소리를 기억해야만 했다
'자거라….'
우리 집 마당에 동네 아버님 친구분들이
밤마을 삼아 떠들썩한 틈새 서 있는
나를 보시고 하신 말씀이다
'자거라….'
늘, 기침을 많이 하시던 아버지
유난히 소금을 많이 드시던 아버지는
그날 밤 심장마비로 갑자기 돌아가셨다
아버지였을 뿐
아버지의 사랑을 무작정 그리워할 만큼 충분한 시간을
주지 못했던 나의 아버지
'자거라….'
마지막 내게 들려주신 무뚝뚝한 한 마디
어머님이 서러워하신 만큼 서럽지 않았고
어머님이 통곡하신 만큼 울지도 못했던 나는

살면서 아버지를 생각하기보다는
잊고 살 때가 더 많았다
'하…. 참'
이상한 일은 나이가 들수록 또렷이 떠오르는
아버지의 모습 그 목소리
미처 생각하지 못했던 내게 주신 사랑
아버지
잊고 살아 죄송합니다
제게 들려주셨던 한마디
'자… 거… 라….'

어머니

어머니
가슴 언저리 숨이 막히도록
맴도는 그리움

춥고 어둠 터널 끝에서
긴긴날 하루 같이 이 자식 걱정으로
먼 발취로 바라보시던 어머니의 눈동자

눈발 흩날리는 시린 겨울처럼
매서운 날이면 어머니 보고픔에
뉘우침을 앞세운다 해도
이 밤 뜨거운 숨결로 달굽니다

새벽이면 목이 갈라지는 음성으로
기도 하시는 흩고 간 지난 세월이
그리워 꿈길을 숨죽이고 갑니다

향수

이름 모를 그대 곁을 지나칠 때
코끝을 살짝 스치는 향기
나도 모르게
멀어져 가는 뒷모습
보고 있었다

꿈을 꾼다
그대는 바람 따라
풀-풀 날리는 꽃송이
아스라한 꽃향기
나는 노오란 나비
나풀거리며
바람을 좇는다
잠시나마 꾸었던 꿈
나의 발길은 향수 가게 앞에
서 있었다

새벽 3時

한밤 곤히 자고 있는데
스마트폰이 울린다
나의 짝꿍 임 씨다
임 씨는 나와 한 팀으로 격일 근무 교대자다
새벽 세시다
정말 일어나기 싫다
오늘같이 추운 날은 더욱 싫다
목구멍이 포도청이라던가
급히 세수하고 밖으로 나간다
큰길가에 차 세워 놓고 나를 기다리고 있는 임 씨
초췌한 모습으로 반긴다
고마운 일친구
오늘도 변함없이 역삼동 우리 집까지
나를 생각하고 찾아주니 감사한 일이다
조금 전까지의 투정스런 마음이 임 씨를 보는 순간
어느새 사라졌다
일자리 부족한 현실의 망막함을 달콤한 잠속에서
잠시나마 깜박 했던 것이 부끄럽기만 했다
새벽 3時
춥지만 고요하고 상큼한 공기를 들여 마셔본다

저만치 보이는 임 씨의 구부정한 뒷모습을 보며
손을 흔들어 본다
“임 씨 오늘도 감사합니다”

그 이름 불러봅니다

내 사랑 그대여
쓸쓸한 날이면 불러봅니다
보고픔 사무쳐 불러봅니다

불러도 불러도
대답 없는 그대여
불러도 불러도
싫지 않은 그대여

어디에 살고 있는지
먼 발취 서성이는 것만 같아
상상 속에 젖어봅니다
이 밤을 크게 불러봅니다

세월을 걸으며
발자국을 따르며
혹시 혹시 하는 마음에
행여 행여 다독이며
오늘도 그 이름 불러봅니다

등나무 풍경 5집

수필

홍윤기 민문자
이건원 이순애 조태식

수필

홍 윤 기

2014년

북망산의 동행자

晩書
한국방송통신대학교 국어국문학과 재학 중
월간 《문학저널》 문인회 이사
한국문인협회 회원
방송대문학회 회원
휴대폰 : 010-6322-5671

2014년

홍윤기

해 마다 늘 그랬었다. 한 해를 보내면서 각계의 인사들에게 그 소회所懷를 물으면 으레 판에 박은 듯 "다사다난多事多難했던 한 해"라는 말로 지난 한 해를 수식修飾한다. 2014년 올 한해를 보내면서 또 그 '다사다난'이라는 말을 하게 될 게 틀림없다.

특히 올해의 사건을 묻는다면 단연 '세월호' 사건을 빼놓고는 다사다난多事多難을 말할 염치가 없을 것 같다. 그만큼 그 사건은 충격적이었고, 온 국민을 '멘봉(멘탈이 봉인의 준말)'의 늪에 빠지게 했던 엄청난 대참사였다. 본문은 과거형으로 쓰고 있지만, 실제로는 아직도 끝나지 않은 비극, 봉합되지 않은 아니 영원히 봉합할 수 없는 상처를 안고 이 해를 보내게 되었다. 필자는 본문에서 그 특별법이 어떻고 참사의 원인이 어떻다는 등 전문가들의 견해를 흉내 내고 싶은 생각은 추호도 없다. 그 끔찍한 참사에 관한 한 우리 국민 다수는 이미 전문가가 다되어 있다고 생각하기 때문이다. 다만 2014년을 보내면서 국민 된 자로서 그 유족에게 다시 심심한 조의弔意를 표하고 함께 아파한다는 것을 말하고, 이 글을 시작하는 게 도리가 아닐까 하는 생각에서 글머리에 적지 않을 수 없다는 생각을 했을 뿐이다.

또 있다. '다사다난多事多難했던 한해.' 라는 수식어修飾語 뒤에는 '국가적으로나 개인적' 으로 라는 말도 뒤따른다. 해서 필자 개인적으로도 평생 잊을 수 없는 해로 기억될 사건이 있었던 해이기도 하다. 내 삶의 70년 중에 몇 번이나 있을 수 있는 일인지 가늠 할 수 없지만, 필자가 역사상 처음으로 해외파병이라는 국가의 명령에 따라 그 전쟁에서 살아 돌아왔을 때 필자를 비롯한 우리 전우들은 모두 '두 번 사는 삶' 이라고 살아 돌아온 기쁨을 에둘러 표현했었다. 전장戰場은 아니었지만 필자로서는 또 한 번 죽음의 문턱엘 다녀온 것 같은 한해이기도 했던 2014년이기도 하다. 젊은 날의 표현대로라면 이제 필자는 이제부터 '세 번 사는 삶' 을 사는 셈이 된다.

첫 번째의 삶 후에 스스로 죽음에 '초연할 수 있다.' 고 제법 담담하게 죽음이란 말을 할 수 있었던 오만함을 부끄러워해야 했던 그 일은 태양이 불타던 한여름에 찾아 왔다. 대학생활에 푹 빠져 새로운 세계를 경험하면서 새로 찾은 길에 무한한 자긍심을 누리고, 스스로 젊어지고 있다는 착각으로 한창 들떠 있던 나를 비웃으며

어느 날 예고 없이 찾아온 불청객은 필자를 당혹스럽게 했다. 그는 의사의 입을 통해 자신을 '암癌' 이라고 불러달라며 친한 척 교활한 미소까지 흘리면서 내 손을 놓지 않겠다는 듯 억세게 옥죄어 왔다. 내가 아는 한, 녀석은 필자와 같은 가난한 글쟁이쯤에겐 얼씬도 하지 않는 것이 최소한의 예禮이며 녀석들의 원칙이어야 했다. 그러

나 필자의 짧은 상식은 녀석의 방문으로 여지없이 무너지고 말았고, 필자는 그 앞에 체면도, 부끄러움도 벗어 던지고 무릎을 꿇어야 하는 치욕을 경험해야 했다. 보편적으로 이런 경우엔 '왜? 하필 나에게, 내가 무슨 죄가 커서.' 하며 하늘을 원망한다. 필자 또한 예외일 수 없는, 영락없는 작은 인간이니 당연히 그렇게 생각했고, 부랴부랴 죽음을 준비해야 했다. 무엇부터 해야 할지 막연했지만 그대로 앉아 있기엔 시간이 너무 없다는 절망감을 떨쳐낼 수 없었다. 살아오면서 고단한 이 삶이 어서 빨리 끝났으면 좋겠다고 수없이 생각했는데, 산고産苦의 아픔을 경험한 바 없지만 죽는 것이 나을 것 같다는, 그래서 산고産苦에 버금갈 것 같은 지독한 통증에도 불구하고, 지금은 좀 더 시간이 있어야 한다는 이율배반적인 생각이 정신세계를 지배하고 있었다. 그 원인을 곰곰이 생각해 보았다. 못나게도 필자는 지금은, 아직은 죽을 때가 아닌데, 이렇게 떠나야 한다면 내 가슴속에 응어리진 한恨은 누가 풀어 줄 것이냐는 사후死後를 걱정하고 있었다. 사후死後 때문에 당황하고 있다니 참으로 어처구니없는 일이 아닐 수 없다.

그렇다면 무엇이 아까운가? 사나이 칠십 평생, 그런대로 잘 놀다 가는 길, 천상병 선생이 소풍 다녀간 세상, 나는 관광 다녀간 것으로 치부하면 될 걸, 조금 마음이 가라앉는다. 하지만 '억울하다.' 라는 생각이 좀처럼 뇌리에서 떠나지 않았다. 다시 무엇이 그렇게 억울한가를 곰곰이 생각해 본다. 그리고 마침내 내 마음의 혼란과 당혹감의 출처를 찾아낼 수 있었다. 그것은 '욕심' 그 이상도 그 이하도 아니라는 생각을 하게 했다. 늙어서 삶을 정리할 때가 다 되어 무엇인가는 찾아보겠다고, 시작한 대학, 그리고 무엇인가 남겨 보겠다는 욕심으로 시작한 글쓰기들을 마무리 못 하게 되었다는 아쉬움이 욕심이 되어 허둥대게 했던 것이다.

버리자. 내려놓자. 고 마음을 고쳐먹으니 신기하게도 머리가 맑아지고 차분하게 생각이 정리되고 있음을 느끼게 되었다. '별거 아닌데' 그러면 이제부터 내가 할 일이 무엇이 있을까? 그렇지 그 녀석을 소개해준 의사를 만나야지. 그렇게 해서 죽기보다 가기 싫은 병원엘 다시 찾아갔다.

"하하 너무 걱정하시지 않아도 됩니다. 선생님은 조기早期에 발견되었으니 잘 된 일입니다. 간단한 수술로 완치가 가능하고, 또 중환자로 분류해서 비용도 걱정하지 않으셔도 됩니다."

의사는 그렇게 웃으며 잔뜩 주눅이 든 내게 설명해 주었다. 필자는 이 불신의 시대에도 불구하고 대체로 긍정적이고, 가능하면 많은 것들을 잘 믿는 편이지만 몇몇 잘난 사람들의 말들을 신뢰하지 않는다. 특히 정치권의 말들을 믿지 않는다. 의사도 믿지 않는 부류에 포함하고 있다. 그것은 그동안 건강문제로 병원엘 가 본 일이 없기도 하거니와 감기에 걸렸다고 해도 약藥보다는 식품을 더 믿는 편인데 이번엔 이 젊은 의사를 믿어 보기로 했다.

여름이 한창 기승을 부리던 8월 초 입원을 하고 일정에 따라 간단한 내시경 수술을 마쳤다. 회복실에 돌아와 의사로부터 수술이 잘 되었으니 안심하고, 항암치료 계획이 현재로썬 없으니 3개월 마다 병원에 와서 검사받는 것을 잊지 말라는 당부의 말을 들었다. 우선 항암치료계획이 없다는 말이 그렇게 고마울 수가 없다. 입원해 있는 동안 문병을 와준 옛 전우들이나, 친지들이 한결같은 우려가 항암 치료였다.

그러나 항암 치료를 하지 않아도 된다는 것은 아주 '잘된 일' 이라고 이구동성으로 말해 준다. 몸과 마음이 한결 가볍다. 학교를 쉬려 했던 생각을 바꿔 2학기 등록을 하고, 하고 싶었던 것들을 예전과 다름없이 해 나가기로 했다. 아무 일도 없었던 것처럼. 마음은 그렇게 정했는데 퇴원해서 집에 돌아왔을 때의 마음가짐은 그렇지가 못하다. 다른 사람의 입장에서는 "별거 아닌데" 내게는 별거였나 보다.

마음이 허전하고 고독하다. 사막에 버려진 낙타 새끼처럼 허전하고 망망대해를 항해하다 암초에 걸린 난파선처럼 을씨년스럽다. 책이 눈에 들어오지 않고, 글을 쓰려니 컴퓨터 자판이 낯설다. 매사가 성가시고 귀찮다. 게다가 밤에는 불면증 정도는 아니지만 잠자리도 편치 않다. 짜증도 나고, 신경질도 부쩍 늘었다. 이건 분명히 아니다. 나답지 않은 심술이고, 응석이다. 평생 그렇게 살아오지 않았고, 심지어 꾀병 한번 앓아보지 못했는데, 스스로 마음을 다잡아 보려 해도 뜻대로 되지 않는다.

'우울증' 같은 그런 것들이 내 마음 깊은 곳에 자리 잡아 가고 있었다.

"앞으로 20년 정도만 더 살았으면 대충 하고 싶었던 것들을 마무리할 수 있을 테지만 이 후유증을 품고, 녀석이 아직 멀리 떠나지 않았다면 그와 함께 애초의 계획의 절반 정도를 나누며 살아가자."고 마음을 정하기까지 한 달이라는 시간이 필요했다. 그리고 학교에서 주어진 리포트를 작성하는 데 열중하기로 했다. 리포트를 제출하고, 내가 녀석을 만나기 전과 같은 생활 패턴을 찾으며 잊었던 것, 그래, 친구들을 만나고, 가볍게 술도 한 잔씩 나누면서 스스로를 찾아간다. 입원 때문에 한 달여 쉬었던 알바도 다시 시작했다. 그동안 쓰지 못했던 글도 쓰기로 했다. 20여 년을 살았던 곳에서 이사도 했다. 심기일전이다. 그러고 보니 2014년도 저물어 가고 있다. 내년이면 대학 3학년이 된다. 인생으로 보면 꼭 내 나이와 같다. 백세시대에 70이면 인생 3학년이 아니겠는가. TV에서 오승근의 '내 나이가 어때서' 라는 가요가 경쾌하게 들린다. 그래 이 모든 것이 마음먹기 달린 것을, 운명이란 것을 이제 와서 바꿀 수야 없겠지만, 그로 인해 또 한 편의 애기를 쓸 수 있으니 그 또한 즐거운 일 아닌가. 이제 무엇을 더하고 싶다는 생각을 내려놓으리라. 그 또한 부질없는 욕심일 테니 말이다. 내게 주어진 날들에 감사하며 충실하게 오늘을 살아가리라.

이제 닷새만 있으면 수술을 마치고 퇴원한 지 백일이다. 병원을 찾아준 고마운 사람들, 내가 세상을 헛살지 않았음을 증명해준 전우들, 친지들 모두에게 고맙다는 마음을 전할 길을 찾아보지만, 더 열심히 살아가는 것 이외의 방법을 나는 아직 찾지 못했다.

북망산의 동행자

원조 북망산北邙山은 중국 허난 성[河南省] 뤄양시[洛陽] 북쪽에 있다. 무슨 음식점도 아니면서 원조라고 칭하는 것은 우리나라에도 몇몇 짝퉁북망산이 있다기에 하는 말이다.

"낙양성 십 리 허에 높고 낮은 저 무덤은 영웅호걸이 몇몇이며 절세가인이 그 누구냐 우리네 인생 한 번 가면 저기 저 모양 될 터이니 에라 만수 에라 대신이야……."

가수 김세레나가 부른 성주풀이의 가사처럼 고도 낙양성 북쪽에 십여 리쯤 되는 어느 곳에 있는 산[山] 이름이다. 몇 년 전인가 그 북망산에서 의자왕의 지석이 나왔다고 해서 오욕의 역사를 살다간 망국의 국왕으로 남의 나라에서 눈인들 제대로 감을 수 있었을까를 생각하며 숙연해졌던 일이 있었다.

대중가요의 가사가 말하듯이 그 북망산에는 수많은 영웅호걸이 부귀와 명예를 내려놓고 명멸해 갔다는 것으로, 오죽하면 이 땅의 민초들의 입을 통해, 북망산은 바로 저승이라는 개념을 갖게 해준 죽음의 상징이기도한 산[山]임은 분명한 것 같다. 쉽게 말하자면 공동묘지로 천하에 이름을 떨친 중국의 명산名山으로 자리 잡은 산이니 누군들 그곳에 가고 싶을까만 그 누구도 피해 갈 수 없는 곳이기도 하다.

해서 북망산은 산자[生者]에게는 피해가고 싶고, 사자[死者]에게는 영원한 안식을 주는 이를테면 멀리도 가까이도 할 수 없는 애증의 산이라고 해도 좋겠다.

삶을 어떻게 돌고 돌아 어디를 거쳐서 예까지 왔을까? 생각하는 순간 멀리 아스라이 북망의 그림자가 보이기 시작한다. 그때쯤 되면 삶을 잘살아 성공했다는 인생이나, 지금껏 헛살았다고 후회막급後悔莫及한 회한悔恨의 인생이나 '허무'라는 두 글자 앞에 쓸쓸해지고, 또 외로워진다. 그러니까 북망산 앞에서는 영웅도, 절세가인도 그렇게 특별할 것도 없다는 애기다.

결과적으로 우리네 삶은 북망산으로 한 걸음 두 걸음 가까이 가는 일이 곧 삶이라고 해도 아무도 이의를 제기하지 않는다. 그런데도 불구하고 우리는 너무 부지런히 그 길을 간다. 뒷짐 지고 천천히 가도 될 그 길을 빠른 걸음으로도 모자라서 마구 달려간다. 삶의 여유가 없다. 심지어는 더 먼저 가겠다고 옆 사람의 진로를 방해하는 반칙도 서슴지 않는다.

글을 쓰는 사람도 인간인 이상에는 그 대열에서 비켜서 있는 것은 아니다. 똑같이 그 길을 간다. 그러나 적어도 글을 쓰는 사람이나 쓰겠다는 사람은 그들과 똑같이 무작정 달려가서는 안 된다는 것이 필자의 생각이다. 한 나라의 역사를 기록하는 사관史官처럼 인류의 삶을 기록으로 남겨야 하는 사명감이 있어야 한다. 문인 개개인이 쓰는 글 모두가 그런 기록들이다. 살기 위해 아옹다옹하여 황폐해진 인간의 마음을 정화할 수 있는 주옥같은 글들로 세상을 맑고 아름답게 꾸며 북망산 길을 꽃길로 만들어야 하는 사명감이 있다는 애기다.

'당연히 어떻게?' 라는 의문이 생기지 않을 수 없다. 문학이라는 학문이 그것을 배우고 연구하는 학문이라고 해두자. 그런 글들이 과연 손끝에서만 써지는 것인가? 유감스럽게도 그렇지 않다는 것이다. 그런 글들은 가슴에서 우러나오는 양식의 글이어야 가능하다. 영혼이 맑은 사람들, 마음이 맑고 순수한 사람들의 글들이 이 세상을 맑게 해주리라는 것이 필자의 생각이다. 마음속에 욕망이 가득해서 쓰는 글들은 감동을 줄 수 없다. 마음을 비우고 세속의 풍진과 칠정오욕을 내려놓고 가슴으로 쓰는 글이야말로 진문眞文이 될 수 있지 않을까?

요즈음 어느 전직 대통령의 회고록이 화제다. 독자에게 감동을 주는 명문名文이어서가 아니다. 정치적 의도가 '있네, 없네' 의 논란이다. 이처럼 대부분 갈등의 단초는 말[言]과 글[文]에서부터 시작된다. 특히 정치인들의 신중하지 못한 말로 인한 설화舌禍는 고금을 통해 이미 증명된 바 있다. 그럼에도 불구하고 정치인들은 끊임없이 말의 다툼을 벌인다. 아무리 말로 자신을 내세우는 세상이긴 하지만 자기 생각 없는 말로 인해 민초들과 국가에 피해를 줄 수도 있다는 생각도 좀 해 줬으면 좋겠다.

촉한蜀漢의 승상 제갈량의 출사표가 천하의 명문인 것

은 오직 황제에 대한 충忠과 나라를 생각하는 애국愛國 그리고 민초들을 사랑하는 애민愛民의 마음이 녹아있어 만인의 심금을 울리고 있음이다. 부귀와 영화를 탐하지 않고 황제에 대한 지극한 충성으로 목욕재계沐浴齋戒하고 가슴으로 써내려간 글이니 당연히 명문으로 청사에 길이 빛나고 있음이다. 얘기가 옆길로 빗나간 것 같지만 결과적으로 우리 모두가 가는 길은 가진 자나, 못 가진 자, 있는 자나 없는 자, 너 나 할 것 없이 한 곳뿐이다.

잘난 자 못난 자 모두가 북망을 향해 빠르게 혹은 천천히 가고 있다. 살아있는 모든 것이 예외 없이 가는 곳이 그곳이라면 무엇을 위해 그토록 아귀다툼을 해야 하는 것일까?

정치권에서, 아니 우리 사회 곳곳에는 학연이니, 지연이니, 혈연이니 해서 인연을 내세워 끼리끼리 편을 가르고, 서로 많이 갖기 위해, 혹은 기득권을 지키기 위해 이전투구도 서슴지 않는다. 당장은 이긴 것 같지만 결국은 공멸을 부르는 지름길이다. 인연이 중요하고 애틋하다는 것을 부정하자는 것이 아니다. 그러한 인연으로 서로를 귀히 여긴다면 다른 쪽의 인연도 인정하고 존중해 주는 것이 내 인연을 위해서도 필요하다는 것이다. 그래서 함께 공존할 수 있다면 이 사회는 좀 더 밝고 아름다워질 것이라고 믿는다. 더 넓은 의미로 본다면 우리 모두는 북망산을 함께 간다는 인연의 끈에 있는 동행자이기도 하다.

한때 먹고살기 힘든 보릿고개의 문턱에서 힘들게 견뎌온 우리다. 서로가 참으로 허리띠 졸라매고 어려운 시절을 잘도 버텨왔다. 그리고 오늘의 국부國富를 창출해냈다. 그 과정에서 우리는 동지였고 동반자였다.

왜? 서로를 이해할 수 없는가?

네 잘못 내 잘못에 대해 왈가왈부해서 또 다른 갈등의 단초를 제공할 것이 아니라 서로의 입장을 이해하고 믿어주고 인정해 주는 일부터 시작하자.

불신不信의 벽을 허물고 신의信義의 사회를 만들어 가자. 개인과 개인의 작은 일에서부터 시작하자. 그런 사회를 만들기가 힘들어도 우리가 못하면 우리 후대들이 이루도록 한 걸음이라도 내딛자. 우리 모두는 앞서고 뒤서서 그곳을 향해 가야 할 동반자가 아닌가?

수필

민 문 자

참 멋진 사람

《한국수필》 수필 등단(2003)
《서울문학》詩 등단(2004)
부부시집 『반려자』(2006)
수필집 『인생의 등불』(2009)
부부시집 『꽃바람』(2010)
전자책(2014) 민문자 칼럼집 『인생에 리허설은 없다』
스피치와 시낭송 강사(문학의 집 · 구로)
서재 : 민문자.시인.com
카페 구마루 무지개 : http://cafe.daum.net/goomaroorainbow
이메일 : mjmin7@naver.com,
휴대폰 : 010-5256-4648

참 멋진 사람

민문자

인간은 창조주로부터 지구를 더 아름답게 가꾸라는 소임을 받고 이 세상에 태어난 것인지도 모른다. 잘 알 수는 없지만, 알몸뚱이로 세상에 나갔다가 세상 인연이 끝나면 다시 빈손으로 하늘나라로 돌아오라는 신의 계시를 받고 태어난 것은 아닐까.

우리 인생은 기회는 한 번뿐, 리허설도 없다.

불굴의 힘으로 어떤 어려움도 극복하면서 자기 인생을 책임지고 최선을 다해서 잘 살아내야 하는 것이 인간 최대 의무일지 모른다.

인생을 잘 살아내는 것은 어떤 것인가. 멋진 사람이 되는 것이 아닐까.

나를 애지중지 사랑해 주시던 아버지가 내 나이 열다섯 살에 돌아가셨다. 아버지 그늘이 없어서였는지 나는 언제나 주눅이 들어서 남 앞에서 말 한마디도 변변히 못하는 소극적인 소녀로 성장하였다. 1960년대 그 어려운 시대에 그래도 우리 고장에서는 선망의 대상으로 교사가 되어 선생님 경험을 하고 평범한 회사원과 결혼하였다.

우리 부부는 인천에 둥지를 틀었다. 그러나 결혼한 지 일 년도 안 되어 남편은 직장을 그만두고 건설업을 창업하였다. 첫 사업에 실패하고 두 번째부터는 못난 마누라도 참여시켜 주었다. 빈손으로 시작해서 인천 남동공단에 공장을 마련하고 백여 명 직원에 일반건설업을 잘 운영하며 지역사회에서 이웃의 존경과 사랑을 받으며 보람찬 날들을 보냈다. 그러나 사업을 크게 일구어 나보다 못한 어려운 사람을 도우며 잘 살아보겠다던 우리 부부의 꿈은 사업실패로 접어야 했다.

그 후 고통과 시련의 후반기 내 인생에서 훌륭한 스승들을 많이 만날 수가 있었다. 이는 깊이 잠자던 꿈을 실현하는 계기가 되었다. 행복한 꿈을 품고 살 수 있게 해준 등불이 되어 주었다. 마음의 등불은 새로운 세상의 이정표였다.

언어문화원을 오랫동안 다니며 스피치 공부부터 시작해서 수필가 선생님과 시인 선생님을 만나서 그분들의 향기에 취해 공부하다 보니 어느덧 수필가와 시인으로 등단하게 되었다. 서예가와 문인화가를 만나보니 또 그 묵향에 취해 또 다른 재미를 느끼게 되었다.

시 공부를 하다 보니 시낭송도 해보고 싶어 관심을 기울이게 되었다. 어느 행사에서 시낭송하는 시낭송가에게 매료되어 나보다는 한참이나 연소하지만 스승으로 모시기로 마음먹고 열심히 공부하였다. 정확한 발음법과 부단한 노력을 요구하는 선생님과 동참하는 시간은 새로운 인생의 즐거움이었다.

후반기 인생에서 만난 스승들은 행복하게 사는 법을 가르쳐 주었다. 긍정적이고 적극적으로 활동할 수 있게 응원하고 겸손하게 하고 때로는 채찍질도 하면서 밝은 빛을 비춰주었다.

인생의 끝자락에서나마 예술세계에 눈이 트인 것은 행복이었다. 시를 쓰다 보니 시화전이며 시낭송회도 참여하게 되고 작품전시회가 있는 곳을 자주 찾아가 감상하는 즐거움을 느끼게 되었다. 서예가와 문인화가와의 우연한 만남은 내게 또 다른 축복이었다. 세상사에 찌들어 자존감을 잃었을 때 만난 좋은 인연이 괴로움을 이기고 새로운 분야에 관심을 두게 하는 등불이 되었다. 문학을 논하며 아름다움을 추구하고 예술을 공부하고 시낭송을 즐기는 생활의 기쁨은 무엇과도 견줄 바가 아니었다.

시詩 서書 화畵로 인생의 즐거움을 누린 옛 선비들의 묘미를 어렴풋이 깨닫고 흉내 내며 살아가는 기쁨을 주었다. 두 권의 부부시집 『반려자』 『꽃바람』과 수필집 『인생의 등불』은 내 인생을 세상에 내보인 작은 빛이라고나 할까.

이제 세 번째 부부시집을 묶어 세상에 내놓을 차례다. 초보 단계인 서예와 문인화도 계속 배우고 익혀서 내 인생 더 고운 비단을 짜 보리라고 단단히 마음먹어본다.

같은 여성 앞에서도 말 한마디 자연스럽게 하기가 무척 어려웠었는데, 제대로 된 글을 써보려고 환갑이 넘은 나이에 국문학과에 편입학하여 늦깎이 문학사로서 말하기 공부부터 시작해서 문단에 입문하여 문학 활동을 누구보다도 열심히 하였다. 아니 하고 싶은 공부, 필요한 공부는 먼 거리도 마다치 않고 찾아다니는 특별한 열정이 었다. 열정은 쌓여서 재능이 되었다.

언제부턴가 나도 세상 사람들에게 도움을 주는 사람

이 되어야 한다는 압박감이 은연중에 내재하여 있었다. 이 세상에 태어나 수많은 사람의 수고와 은혜를 입고 성장하여 오늘을 사는 자신임을 잘 알고 있기 때문이다.

그래서 2005년부터 실버넷뉴스 기자로서 십 년 근속상을 받기도 하며 실버넷문화예술관장도 역임하였다. 인터넷 세상에서 젊은이 못지않게 사진과 글을 잘 올려 노년층에게 좋은 정보나 문학으로 봉사하는 생활도 즐기게 된 것이다.

꿈꾸며 준비하는 자에게 기회가 온다고 했던가.

이십여 년 전에 간절히 생각했지만 그 꿈을 사업실패로 접고 말았던 서울대학교 캠퍼스에서 공부할 기회가 뜻밖에 세 번이나 주어져 공부할 줄 그 누가 알았을까. 지도자과정과 평생교육강사로서 준비할 공부기회를 놓치지 않았다. 그리고 지난해부터는 그동안 갈고닦은 실력을 강단에 서서 펼치고 있다.

매주 월요일마다 다른 주제로 직접 스피치 자료를 칼럼 형태로 써서 강의한다. 그 자료를 모으니 한 권의 칼럼 집이 되었다. 참 멋진 사람이 되려는 사람들에게 들려주었던 그리고 들려줄 이야기이다.

이런 나의 작은 재능이 사회에 기여할 수 있음에 자긍심을 느낀다.

세상사 번뇌로 고민하고 삶이 고단할 때 가슴에 와 닿는 '지혜의 말 한마디는 천금보다 낫다.' 라는 생각이다. 누군가 나의 글 한 줄로 위로받는 사람이 있다면 이보다 더 행복한 일이 어디 있겠는가.

몇 군데 지하철 스크린도어에 나의 졸시 「그대의 향기」가 걸렸고 또 가곡으로 나와 여러 성악가가 즐겨 부르게 되었다. 아침저녁 출퇴근 시 무심코 바라본 눈에 들어온 몇 마디 시어가 그의 생활을 긍정적으로 변화시키고 자존감을 느끼게 한다면 이 아니 좋은 일인가.

향기로운 사람, 참 멋진 사람이 되고자 이 상큼한 가을 아침에 다짐해본다.

수필

이 건 원

삶

法名 徹善
전남 영광 출생
한국방송통신대학교 국문학과 재학중
한국윤리학회 · 대한수리논리학회 종신회원
The American Mathematical Society Life Member
서울대학교 공과대학 철학 강의
저술 『다수언어상황에서의 의미론』
『Semantic Base for Scientific Theory』
공저 및 번역 『논리연구』, 『문제를 찾아서』
『현대철학의 쟁점은 무엇인가』, 『언화행위』
휴대폰 : 010-2332-6218

삶

이 건 원

살아가면서 나이를 물으면 좋지 않다고 하기도 한다. 이 말을 듣고 나는 나이는 묻지 않는 편이다. 그러면서도 이제는 희끗희끗한 머리카락 때문인지 모임에서 삶에 대한 말을 자주 듣는다. 그래도 가장 세련된 말이 요즈음은 130 정도 산다고 생각한다고, 그래서 앞으로 오랫동안 이 세상의 변화를 보아야 한다는 말들을 한다.

겨울방학이어서 통신대에서 수강과목이 아니라 보고 싶으면 보는 강의로 내놓은 강의 중에서 교양과목에 속하는 과목 중에 삶에 대한 것이 있다. 이야기 중에서, 주로 자연과 직결되는 농사일을 직접 하시는 분들의 이야기를 대충 한번 들었다. 그러나 또 한 번은 더 들어야 내 생각이 분명하여지겠다는 생각을 한다.

나는 농촌에서 낳아서 자랐다. 그러나 대학에 들어오고 나서, 이곳 서울에서 살았다. 이제는 늙은이라고 할 때까지 살아와서 유난히 반성하게 된다.

이번 일요일에 내가 이곳 서울에 오기 전에 있었던, 전라북도 익산 여행을 공식으로 여러분들과 같이한다. 참으로 철없는 아이로 살았다는 생각이다. 그래서 학교에서 공부 열심히 하라고 하니 밥만 먹고 온통 책상에 앉아 있었다. 자꾸 학교에서는 학생들의 대학진학 이야기를 하면, 어린 나는 그냥 지나는 소리로 듣지 않고 더 열심히 하려고 하였다.

그 결과로 서울의 대학에 진학하였다. 서울에 살면서 지금까지 나는 학교와 연결되어 있는 생활을 하여 왔었다. 특별히 열심히 하라는 말을 귀담아 들은 이유 중의 하나가 내가 초등학교에 가서, 즐거운 학교생활을 시작한 한 달 정도에, 6·25 난리가 있어서 학교에 나가지 못하였었다. 언젠가 다시 나갔을 때 그 학교가 불타 없어졌으며, 학교 운동장 구석의 교장 선생님 관사도 불타고 없어졌었다. 6학년 졸업을 한 달쯤 앞두었다고 생각되는 때에야 교실이 준비되어서 우리가 들어갔다. 아직은 책상과 의자도 없는 교실에 앉아 보고 나서야 졸업하였다. 우리에게 학교 책상과 의자만도 큰 즐거움을 주는 학교의 교구였다. 이러한 역사 때문이었는지, 우리 선생님들은 매우 열심히 강의하였었다. 또 자꾸 우리가 공부를 열심히 할 것을 당부하였다고 기억한다.

우리의 철학에서는 삶의 철학에 분류되었을 것으로 보이는, 많은 주제들이 생태학(ecology)이라는 이름 밑에 이야기되는 것을 통신대학의 강의 동영상을 보면서 느낀다. 1963년에 서울의 대학들의 철학은 상당히 집중적으로 현상학(phenomenology)이 서양의 당시의 풍조에 따라서 이야기 되고 있었다. 나는 동영상을 보고 들으면서 자꾸 그 당시의 젊은 철학자들이 "보시오!(Sehen, Sie!)"라는 표현을 강조하시던 것을 기억한다. 금방 독일에서 오셔서, 당시의 독일식으로 강의 내용을 써가지고 오셔서 천천히 읽으시면, 우리는 그 강의를 하나도 빼지 않고 필기하였었다. 그렇게 하려면 글씨도 조금은 작게, 그리고 빨리 쓰는 것이 숙련되어야 하였던 것을 기억한다.

요즈음에 중국정부의 동영상을 이곳에서도 볼 수가 있어서 보자면, 많은 분이 연설을 필기하시는 것을 보면서, 우리의 옛날의 강의실을 연상하곤 하였다. 그때 강의 시간에 교수가 보시오라고 하면 우리가 보시라고 썼었다. 이제 동영상으로 보는 강의를 들으며, 특히 그 내용이 삶에 대한 것이어서 이것이 현상학이 우리의 삶에 끼친 업적의 일환이라고 느끼곤 하였다.

다시 강의를 들으며 우리 주변의 일을 반성하여 본다. 지난해에 이름이 총장회의라고 되어 있는 모임에 나오라는 편지를 받았다. 나는 총장들처럼 대학의 행정을 맞지 않은 사람이지만 이유를 불문하고 참석하였다. 조용히 뒤쪽에 앉아서 들었다. 서울에는 대학들이 많아서 총장님들의 안면이 친숙하지 않았다.

그 강연의 내용에 그 강연회의 제목에 쓴 "위기危機"라는 표현이 있다고 말씀하시는 것을 들었다. 나는 마침 올해가 학교에서 소속한다는 말을 쓰지 않기를 바란다는 말을 들은 때라는 생각에서도 많이 반성하게 하였었다.

나로서는 학교 교직원으로 생활을 마무리하면서, 우리

가 잘살게 되었다는 생각을 하였었기 때문에, 매우 조심스럽게 들어야 하였다. 총장들 중에서 전에 어려서 학회 모임에 같이 참석하였던 전직 총장의 어투가 매우 불편함을 말하는 것이었다. 특히 눈에 띄어서 약간은 무거운 마음으로 집에 오는데 늦지 않아야 한다는 생각으로 발표만 다 듣고, 토론은 듣지 못하고 귀가하였었다.

우리가 기억하기로 독일의 철학에서 말한 이 위기(crisis)라는 말이 현대 철학의 새로운 전환기를 마련한 것으로 이해한다. 방송강의 중에 전통의 우리 주거 모습을 그 마을의 모습으로 말하는 것도 보았다. 전통의 삶의 모습에 답이 있다는 표현을 읽으며, 요즈음의 주거 모습에 반성을 촉구하는 것도 읽었다. 97%를 수입에 의존하는 생필품도 있다는 지적 등이 조금은 반성을 요구하는 것으로 읽는다.

우리가 읽은 것 중에 '수'로 말하는 것은 '믿을 수 없다'고 말하는 것은 '수'로 말하는 것이 실제와 얼마나 관여되어 있는지에 조심하라는 것으로 받아들인다.

요즈음 중국의 평이 그래도 '수'가 가장 현실적으로 말하는 것이라고 하는 말을 생각할 때에, 내가 지난해 총장회의에서 들은 것에 대하여 크게 염려하지 않았던 것은, 우리 주변의 행정이 긍정적이었다는 믿음 때문이었다고 생각한다. 그러나 대체로 우리가 수용하여야 하는 것은, 이러한 문제들이 신중히 검토되어야 한다는 것은 어쩔 수 없다는 생각이 된다.

너무나 자극적인 표현들만을 쓰기보다는 차분한 검토가 있어야 한다는 생각을 어찌하지 못한다.

한 울안 한 일터에 한 가족 한겨레가 함 마음 한뜻으로…….

최근에 우리 도서관에 온 찰스 디킨스의 『두 도시 이야기』를 들고 보고 있다.

많은 표현들 속에 '운문 시'라고도 할 수 있는 표현들이 들어 있다고 느낀다. 그들이 느낌 없이 기억할 수가 없는 사건들을 마치 노래로 상기시키는 것과 같은 모습이라고 보인다.

지금 우리의 삶은 한 울안이라는 울이 화성에까지 우리의 관심이 가고 있다고 본다. 우리의 관심이 거기에까지 가고 있어서 이 세상의 인류, 생물, 식물에까지 우리의 관심은 확산되고, 불교의 한 울안, 한 일터라는 표현을 느끼고 깊이 반성하게 한다.

마침 2015년의 시작이라고 여기저기의 모임에 들리는 나의 모습을 본다. 유난히 내가 지금 보는 서울의 모습과 1963년의 모습이 비교된다. 전쟁의 상흔이 깊게 깔린 그때 우리가 서울에 왔었다고 기억한다. 지금 우리가 그때의 모습과 기억들을 디킨스처럼 말하지 못한다.

어렴풋이 기억을 되살리자면, 중간에 3년 휴학하고 군에 갔다가 왔다. 그리고 이러한 우리의 모습에 바로 가자고 외치던 젊은이들의 목소리로 축적되어서 자주 휴교도

하는 그러한 학교생활이었다고 기억된다.

지금도 걸어갈 만하면 걷고 자전거를 이용할 수 있으면 이용하자는 조언이 무겁다.

특히 총장회의에서 들은 것 중에서 자살하는 비율 등이 세계 1위라는 지적 등이다. 미국의 교수들에게 정년이라는 것을 적용하지 않고, 평생 교직에 있도록 한다는 말을 듣고야 지난번에 내가 본 옛날 교수님이 젊은이처럼 학교에 활동하시고, 나에게 주시려고 손수 복사기를 사용하여서 글을 복사하시던 모습이 이해가 된다.

우리의 정년퇴임제도는 언젠가 반성 되기도 하겠지만, 우리에게 새로운 삶의 경험을 주는 기회가 될 수도 있다고 보인다. 자기 자신의 개선에서 길을 찾으시라는 말씀을 되뇌며 언제나 새로운 나날을 보낼 수 있길 바란다.

2015년 1월 18일

방송통신대 도서실에서

건원

수필

이 순 애

잡초의 지혜

충남 논산 출생
한국방송통신대학교 국어국문학과 졸업
한국방송통신대학교 문화교양학과 재학 중
독서 지도사
문파문학 시 · 수필부문 신인상 등단
한국문인협회 회원
문파문학회 부회장
시계문학회 회장
방송대문학회 부회장
공저 『바람이 창을 두드릴 때』 외 다수
휴대폰 : 010-4187-7232

잡초의 지혜

이 순 애

잡초의 생을 본다. 풀을 매면서 예사롭지 않은 생각이 든다. 한낱 잡풀이지만 인간이 살아가는데 인내와 지혜를 얻게 하고 교훈을 주고 있기 때문이다. 오가는 사람들에게 짓밟혀 몸이 으스러졌어도 꽃대를 올리고 있다. 종족 번식의 의지와 끈기는 물론이려니와 엄동설한을 견디고 꿋꿋하게 사는 모양을 본다. 잡초의 삶은 이 세상 어머니들의 삶을 닮았음을 본다. 생이란 무엇인가. 인생의 재발견과 의미를 되새기며 숙연해진다.

소한의 추위다. 영하 10도를 넘나드는 날씨 속에 이삼일 영상일 때도 있어 화단의 풀을 맨다. 늦가을까지 매주었는데 땅속에 떨어진 씨가 따뜻한 날씨에 숨바꼭질하듯 몰래 찾아와서 싹을 틔워 화초의 뿌리를 감고 있다. 겨우 손에 잡힐 작은 싹인데 뽑아보면 흙을 한 주먹씩 매달고 나온다. 추위를 이기는 지혜다. 풀이 많은 데는 저희끼리 의지함인지 뿌리가 엉겨 흙을 물고 시루떡 켜처럼 올라온다. 뿌리의 결집력이 대단하다. 웅크린 몸에 초라하고 연약한 꽃이 맺혀 있다. 보잘 것 없지만 기회를 엿보고 인내하는 것이다. 고단한 모성의 잉태이다.

침묵은 그들의 언어다. 보이지 않는 행동과 침묵의 진실에서 깨달음을 얻는다. 몸통보다 뿌리가 튼실한 것은 흔들리지 않는 정신에 뼈대가 있음이리라. 바다를 달리는 찬 공기가 신음을 하고 있다. 겨울의 한파와 추위를 이기기 위해서는 거추장스러운 사치 같은 것과는 거리가 멀겠지. 햇빛과 물과 바람의 노래를 입으면 그뿐 아름다움의 극치로 여기는 것도 지혜이다. 오로지 죽음을 이기고 살아남아 열매를 맺겠다는 의지이려니. 잠시의 휴식도 허락되지 않는다. 인내에서 헛눈 팔면 칠흑 같은 올가미에 옭히고 말 테다. 밤낮을 가리지 않던 어머니의 삶이다.

옛날 오륙십 연대의 추위는 더욱 매서웠다. 입고 먹을 게 없어 속이 비니 몸을 사시나무 떨듯 했다. 어머니의 삶은 겨울보다 더 혹독한 것이었다. 잠시의 햇살이라도 붙잡고 살 수 있었던 지혜를 호미 끝의 잡초에서 배우지 않았을까. 자연에서는 현실에 안주하지 않고 영원으로의 통로를 찾아 달리게 된다. 잡초의 인내는 봄 햇살을 보면 씨앗을 탱글하게 열매 맺어 번식시키려는 신념이 솟아오른다. 쓰러질 듯 다시 일어나는 어머니 삶의 끈기는 잡초를 닮았다.

잡초가 지혜를 전해주듯 어머니의 지혜로운 삶은 세상의 모범이었다. 더 할 수 없는 노력과 알뜰함으로 모든 사람에게 베푸는데 인색하지 않았다. 넉넉한 마음에서 나오는 말씀은 찬바람을 안고 사는 사람들의 마음을 훈훈하게 덮여주어 세상 사람들이 귀 기울이게 했다. 어머니는 지혜의 사냥꾼이었다. “마음속으로 지혜의 길을 찾고 그 신비를 깊이 묵상하는 사람은 행복하다. 그는 사냥꾼과도 같이 지혜를 뒤쫓고 지혜가 가는 길목을 지킨다".(집회서 14.21-22)는 말씀처럼 행복의 전도사였다. 어머니의 머리는 지혜의 샘이었다. 어머니가 매던 잡초를 내가 매고 이 잡초를 내 자식들이 맬 것이다. 그 지혜는 잡초의 끈기와 같이 세상으로 이어질 것이다.

2015. 1. 6.

수필

조태식

가을문학기행

예명 趙明來, 경남 昌寧 출신
韓國音樂著作權協會 회원
韓國演藝藝術人總聯合會, 韓國歌手委員會 운영위원
현대시선 시 · 수필 등단, 현대시선 가작상 수상
현대시선 문학사 홍보위원
한국방송통신대학교 국어국문학과 수료
방송대문학회 부회장
夢작가夢미디어 문예예술영화 "夢" 출연
대중가요 〈꿈인줄 알면서도〉, 〈임떠난 항구〉, 〈가을사랑〉
강북문화예술회관 "올해의 우정상" 수상
휴대폰 : 010-5478-4755
이메일 : jts261@hanmail.net

가을문학기행

조 태 식

올해도 변함없이 가을문학기행 날짜가 되었다. 며칠 전부터 일기예보는 토·일 비가 내린다는 뉴스가 있었기에 아래쪽 남해 가는 방향을 급히 바꾸어 교통이 편리한 강원도로 잡았다.

야간근무를 했기에 잠 한숨 못 자고 07시 30분까지 뚝섬역 8번 출구에 도착했다. 총회원이 6명인데 한 분이 나오지 않아 30분 더 기다리다 전화하고 회원이 가까운 동네 태릉사거리로 첫출발했다. 조금 기다리니 도착하여 강원도 쪽으로 출발했다. 11월 1일 아침 08시 41분, 한참 가다, 〈휴게소 식당〉에서 양수 콩나물국밥으로 아침 식사를 하고 10시 10분, 다시 출발. '양평 – 홍천 – 주행' 달리는 차창 밖으로 보이는 이정표는 계속 바뀌고 있었다. '횡성 – 홍천 – 인제 – 양양 – 구성포 – 인제' 식사 때 샀던 옥수수를 하나씩 꺼내 차 안에서 먹는데 옥수수를 보면 어머님 생각이 간절했다. 어린 시절 오일장에 다녀올 때는 꼭 옥수수를 머리에 이고 오셨기에 그것이 지금도 아롱 아롱거린다. 달리는 차 맨 뒷좌석에 발도 겨우 힘들게 움직이고 쪼그리고 앉아 하나하나 기행문 메모를 한다.

어느덧 12시 20분 강원도 인제군 인제로 156번 길, 박인환문학관 관람과 사진촬영을 하고, 다음 행선지로 출발했다. 회원 중 5년 전에 왔던 황태가 맛있는 식당이 있다기에 식당 찾느라 이곳저곳 헤맸으나 찾지 못하고 가까운 '산골 황태 3대 식당', 꽤 유명세를 탔는지 4대 TV 광고가 우리 나그네의 눈을 사로잡는다. 황태찜이 맛은 있었지만 나로서는 매운 것을 잘 먹지 못하여 땀을 뻘뻘 흘리면서 먹었다. 점심을 맛있게 먹고 또 출발.

어느덧 오후 3시 50분 만해마을 도착 〈한용운〉

차에서 내려 입구 들어서는데 한용운 님의 뒷모습 동상이 낯설지 않았다. 4년 전 이곳에 왔기 때문이다. 명시 「님의 침묵」 한용운 선생님과 대화를 나눈 후, 기념 촬영을 하고 우리의 목적지 오션벨리 리조트로 향했다. 이때 시간은 오후 4시 37분, 해지기 전 기념촬영을 하기 위해 낙산 모래밭에 나갔다. 오랜만에 넓은 바다 파도소리 출렁이는 것을 보니 나의 가슴이 확 트이는 기분이 가득했다. 촬영을 마치고 양양 횟집으로 택시를 탔다.

횟집에 도착해 싱싱한 회를 배불리 먹고 나니 기분이 좋고, 눈앞에 보이는 등대 방파제 옆으로 나가 바로 앞 바다를 보면서 둑에서 우리 6명은 누가 먼저 순서도 없이 노래를 신나게 부르며 리사이틀을 시작했다. 나도 '가을 사랑' '꿈인 줄 알면서도' 또 기성곡 여러 곡을 불렀다. 우리 모두 스트레스를 바다에 날려버렸다. 오늘 문학 기행 최고의 절정이었다. 웃고 나니 엔돌핀의 400배인 다이돌핀이 솟았다. 이것은 암을 고친다니 10년은 더 젊음을 찾았다. 방파제에서 신나게 노래했기에 노래방 가는 것을 취소해 버렸다. 돈도 벌고 일거양득이다. 또 택시 불러 숙소에 도착하니 저녁 9시 20분이었다. 우리 6명이 둘러앉아 즐겁게 웃고 나니 또 엔돌핀과 다이돌핀까지 기분이 200% 상승했다. 나의 본심은 요즘 너무 바쁘고 할 일이 많아 문학기행 갈까 말까 조금 망설이기도 했는데, 참 잘 왔구나! 계속 생각이 들었다. 밤 11시쯤 취침에 들었다. 어젯밤 한잠도 못 잤기에 꿀맛 같은 단잠을 잤다.

아침 07시쯤 우 회장님이 바닷가 나간다는 말씀을 듣고 일어나 급히 세수하고 바닷가로 나갔다. 출렁이는 물결의 파도소리 낭만, 넓은 모레 밭 확 트이는 기분은 그 무엇과도 바꿀 수 없다. 아침 바다 공기 마시고 콘도에 들어오니 08시 40분, 조반은 어제 저녁때 횟감의 머리로 매운탕을 끓여 맛있게 먹었다. 또 커피 한 잔씩 나누어 마시고 나니 콘도 안내방송이 나왔다. 12시까지 방을 정리하라는 말씀이다.

10시 50분쯤 방의 모든 정리를 하고 주차장에 나와 기념촬영을 하고 11월 2일 오늘의 행선지로 출발했다. 12시 30분 낙산사 입산했다.

* 낙산사 : 낙산사는 671년(문무왕 11년) 의상 대상까지 창건하였다. 2005년 4월 5일 산불로 전 가람이 소실되었으나 국민들의 정성과 강원도 양양군의 도움으로 당시 주지인 정념 스님이 복원 중창하였다.

여기도 몇 년 전 왔던 곳이라 낯설지 않았다. 이쪽저쪽 올라갔다 내려갔다. 꼬불꼬불 길 따라 산꼭대기 올라 우리 여섯이 종을 치며 소원을 빌었다. 낙산사에서 약 1시간의 답사 후 차로 이동 중, 오후 3시쯤 계획에도 없었던 초허 김동명 문학관 방문하니 반가이 우리를 맞이해 주는 안내원. 김동명 시인, '파초' '내 마음' 잘 몰랐었는데 '내 마음은 호수요' 노래 듣고 깜짝 놀랐다.

* 김동명(출생 1900년 6월 4일 강원도 강릉 ~ 사망 1968년 1월 21일. 아오야마 가쿠인 대학교 신학과 졸, 1954년 아시아 자유문학상 수상 등. 강원 명주출생 호는 초허 1930년 보들레르의 영향을 받은 첫 시집 <나의 거문고>를 간행했다.

나는 또 가수이기에 자작곡 '가을 사랑' '꿈인 줄 알면서도' 두 곡을 불러 큰 박수를 받았다. 사람은 언제 어디서나 우연이 많이 생기는 것을 알 수 있다. 이 순간이 우연이 생긴 일이다. 우연이 인연이 되어 한평생을 함께 한 부부들도 있다. 계획에도 없었던 김동명 문학관에서 정말로 뜻깊은 행사를 보냈다. 또 10분 거리의 납골당 묘소까지 찾고 산에서 내려왔다.

시간은 오후 4시 또 출발 15분 거리의 최초 한글소설 '홍길동전' 작가 허균 시비 탐방 후 내려와 4시 30분 허균·허난설 기념공원 도착했다.

5시 30분 '차현희순두부·청국장 본점' 저녁 식사 후 저녁 6시 13분 서울로 출발 – 역삼동 우리 집에 밤 10시 20분 도착, 이렇게 문학기행이 마무리 됐다.

아름답고 웃음 담아온 가을의 문학 기행
2014년 11월 5일 밤 10시 50분
조태식

∞방송대문학회 안내∞

한국방송통신대학교 졸업생, 재학생으로
공모전 수상 및 문학지에 등단을 하였거나
등단을 희망하는 문학에 관심이 있는 학우님들
〈방송대문학회〉에서 창작의 꿈을 펼쳐보세요.

어느 학과든 상관없이 등단작가 선배님들이
여러분의 창작활동과 등단할 수 있는
멘토가 되어 드릴 것입니다.

회장 우재호 : 010-9063-1938

다음카페 : 방송대문학회(등단작가모임)
http://cafe.daum.net/knou2010

등나무 풍경 5집

소설

김수현
이건원

소설

김 수 현

2014년

일장춘몽

경북 안동 출생
안동중학교, 안동농림고등학교 졸업
중앙대학교 경제학과 및
방송통신대학교 국어국문학과 졸업
백두산문학 중편소설 「가전」 등단
한국문인협회 회원
방송대문학회 초대회장 역임
단편소설 『값비싼 대가』, 『첫사랑』,
『결혼기념일』, 『도둑놈들』 외 수편 발표
중편소설 가전(家殿) 발표
장편소설 "땡추" 발간
장편소설 땡추 문학저널서 대한민국 불후의 명작상 수상
휴대폰 : 010-3593-1505

일장춘몽一場春夢

김 수 현

1.

입춘이 지난 2월 중순이라고 하지만 산허리 여기저기에는 아직 채 녹지 않는 보얀 눈이 희끗희끗하게 눈에 들어왔다. 해가 들지 않는 높은 건축물 앞 도로변에도 언제 쓸어서 쌓아 놓은 녹다가 만 눈 위에 흙더미가 흉물스러운 모습을 하고 지나치는 행인들을 쳐다보고 있었다.

코트 주머니에 엉덩이가 볼록 튀어나오도록 양손을 호주머니 앞으로 여민 영표는 빠른 발걸음으로 대문에 들어섰다. 담장 한 귀퉁이에 몇 그루의 나무가 불어오는 찬바람에 앙상한 가지를 흔들면서 웅크리고 있었고 언제 사용했는지도 모를 삽가래 하나가 화단을 경계한 담장을 기대고 딱딱한 흙 사이 속에 꽂혀서 을씨년스럽게 놓여 있었다. 시멘트로 깐 마당에서 10여 보를 지나면 남쪽을 향해 빨간 벽돌로 치장한 미니 3층 양옥집이 가분수처럼 떠억 버티고 서있었고, 영표는 일 층인지 지하인지 경계가 불분명한 맨 아래층 두서너 개의 계단을 내려서서 문을 벌컥 열었다. 시멘트 바닥에 끌리는 샷시 문소리가 그의 기분을 상하게 한 모양이었다. 영표는 눈살을 찌푸리다가 열린 방 안 공기가 그의 앞가슴부터 따뜻하게 감싸오자 금방 본래의 마음을 되찾았다. 그는 신발을 벗으면서 "여보 나 왔어, 나 샤워 좀 하고…." 말을 던지자, "샤워는 갑자기 왜?….” 문도 열지 않았고 아내라는 사람의 목소리가 들렸다. 그는 무엇이 그리도 급한지 거실 겸 주방 벽에 붙여 놓은 조그만 식탁 앞 의자에 벗은 옷을 걸쳐놓고 곧바로 화장실로 들어갔다.

샤워기 꼭지를 틀자 금방 물이 쏴아 하고 머리 꼭대기 위로 쏟아졌다. 빗줄기같이 쏟아지는 물줄기가 바늘 끝으로 찌르는 듯이 차가웠다. 그는 물방울이 몸에 닿는 것이 끔찍하리만큼 싫을 터인데도 아랑곳하지 않고 샤워기를 튼 채 꼼짝하지 않고 눈을 감고 물줄기를 맞으면서 서 있었다.

차디찬 물이 그의 머리카락을 타고 어깨를 지나 허리를 타고 흘러내려서 하수구 구멍으로 넘치듯 흘러간다.

"아, 이번에야말로 하늘이 나를 도와주시는구나. 이번에야말로…, 서울에 올라와서 건축을 시작한 지 벌써 몇 해였더냐, 10년? 그 많은 해가 지난 동안 단 한 번도…, 이번에야말로 꼭 성공할 거야!"

손을 타고 흘러내리는 차가운 물이 그의 손바닥에 한 아름 담기자 그는 불끈 그 물을 잡았다. 손바닥에는 한 줌의 물도 남지 않고 손가락 사이를 타고 모두 새 나가버리자 몇 번이고 손바닥으로 물을 잡아 보려던 그는 그만 샤워기 꼭지를 잠가 버렸다. 찬물이 묻은 영표의 속살과 겉살이 따로 노는 것만 같았다.

"이 추운 겨울에 미쳤어? 찬물로 샤워하게!"

수건을 안으로 들어 밀던 아내가 냉기를 느끼고 이상하다는 듯이 퉁명스럽게 한 마디 던지자 아내의 말에 대꾸도 않고 "막걸리하고 포는 사 놨어?" 하고 불쑥 한마디 하자, "가게가 바로 코앞인데 뭐하게 미리 사 놓아, 애들 시키면 금방 사 오는 것 갖고…."

그는 맥이 빠진 듯이 한 손으로 닦던 수건을 느려 트리면서 "어편네하고는…, 내가 시킨 걸 제대로 해 놓는 걸 한 번도 못 봤어…."

영표는 심부름을 시키려고 아들을 부르는 소리를 들으면서 아내가 가져다준 수건으로 정성스럽게 머리서부터 온몸 구석구석을 닦는다.

2.

영표는 10년 동안이나 건축업을 한다는 사장이면서도 아직 남의 집 반지하 두 칸짜리 셋방살이를 면하지 못하고 있었다. 그는 남의 작은 주택을 헐고 새로 지어주는 소위 주택건축업자였다.

보통 건축업자라고 하면 건축에 무뢰한인 건축주들과 신축계약을 하고 구 주택을 헐고 골조가 올라갈 때쯤이면 그때부터 건축주들에게 온갖 명분을 붙여서 돈을 뜯어내기가 일수였다. 오죽 돈에 시달렸으면 건축주들이 두 번 다시 집을 지으면 제 성을 간다고 했을까. 그러나 영표는 단 한 번도 건축주에게 덤터기를 씌운 적이 없었다. 그렇다고 건축주들이 영표에게 고맙다고 돈을 더 얹어 준다거나 한 적은 단 한 번도 없었다. 건축주의 생각으로는 그래도 제법 남겼으니 시비 한번 없이 넘어갔지 하고 생각하기 때문이었다.

어쨌거나 영표가 건축을 10여 년 가까이했으면 지금쯤은 돈을 모아 그 돈으로 작은 땅이라도 사서 연립이나 다세대를 지어 분양해서 몇 억대의 돈은 모아야 했을 것이었다.

영표가 지금껏 수십 채의 남의 주택을 지어 주면서 겨우 반지하 두 칸짜리 셋방살이 신세를 면치 못한 것은 적은 돈을 받고 다른 업자들과는 달리 건축주의 요구를 거절하지 않고 최대한 양심적으로 그들의 요구를 수용해 주었기 때문이었다.

거기다가 그는 주택을 설계하기 전에 신축할 대지의 지적도와 토지 대장을 떼서 스스로 쌓은 경험을 바탕으로 모눈종이에 한 치의 땅도 헛되이 빼지 않고 법이 미치는 한도까지 최대한 도면을 상세하게 그려서 건축주에게 보이고 설명했다. 거기다가 실 평수에 들어가지 않는 외부 계단, 발코니 등은 최대한 넓고 보기 좋게 빼 주고 주택의 코너 부분에 돌로 기둥 모양을 만들어서 붙여주니 그에게 주택건축을 맡긴 사람들은 하나같이 양심적이고 잘 짓는다는 소문을 내곤 했다.

그 덕분에 작년 늦은 가을에 3채의 주택 건설을 주문받았고 또 12월이 채 가기 전에 다섯 채를 더 주문받았으니 줄잡아 한 채에 천오백 만원만 남기더라도 1억하고도 이천이 남는다.

그뿐인가, 내년에 주택 경기가 활성화가 된다는 소문이 떠돌자 조그마한 집 한 채라도 가지고 있는 사람이면 너도나도 집을 신축하려고 들먹이고 있었다. 그러니 그로서는 내년에 적게 잡아도 열대여섯 채는 너끈히 지을 수가 있다는 확신이 들었다. 이제 허리를 조금만 조르면 한 이

억은 모을 수가 있을 것 같은 생각이 들었다.

변두리 헌 주택의 땅값이 평당 4백이고 보면 50평을 산다면 2억이 되니 주문 들어 온 것만 계산해도 은행 융자를 끼고 팔천만 대출하면 허름한 주택 한 채는 살 수 있다는 계산이 나온다. 그런 다음에 여기에다가 다세대 주택이나 연립을 신축한다.

대체로 집 한 채를 지으려면 줄잡아 도목수부터 미장, 철근 콘크리트업자, 조적, 미장공 등 4대마를 주축으로 전기, 문짝… 등 자재까지 총괄하여 순수한 인건비 대마를 포함하여 약 60여 종류의 납품업자들이 있다. 그들에게 사전에 주택을 다 지은 후에 분양해서 공사대금을 준다고 하고 만약에 분양이 되지 않을 시에는 전세를 빼서 공사대금을 주겠다고 하면 이들 업자들도 수락하기 마련이었다. 또 건축주들은 계약금 돈 천만 마련해서 건네주고 한 서너 달만 다른 곳에 살다 오면 멋진 신축주택 꼭대기 층을 독차지하고 살고 아래층을 세놓고 살 수 있으니 얼씨구나 하고 너도나도 달려 들것은 빤한 이치였다. 거기다가 전세 놓은 아래층은 돈이 생기면 사글세로 대치해서 놓는다면 일 할 이자는 족히 받을 수가 있으니 이 보다 돈 떼일 염려 없고 남는 장사는 세상에 없다는 생각들을 하고 있었다.

신 경석이란 업자는 자기의 부모가 살던 대지 50평의 헌 집을 헐고 이런 방법으로 집을 지었다. 자기 돈 한 푼 들이지 않고 건축비 평당 60만 원에 15평짜리 3층 건물 6세대를 지은 것이었다. 그리고는 준공을 득하고 난 후에 거실에 붙은 베란다와 안방에 붙은 베란다를 헐어서 거실과 방으로 넓혔다. 그런 후에 그는 '다가구 24평형, 방3, 큰 거실, 주방, 분양가 9,600만 원'이라고 현수막을 내 걸었다.

산뜻한 신축건물이 나오자 석 달이 채 안 돼서 여섯 세대가 완전히 다 분양이 되었다. 그는 신축한 지 6개월 만에 건축비와 대짓값을 빼고 순이익 삼억사천이란 거금을 손에 쥔 것을 영표는 분명히 본 터였다.

이를 보고 생각한 바가 있어 영표가 추운 날씨에도 불구하고 찬물로 목욕재계하는 것은 모처럼 천지신명에게 정성스럽게 고사를 지내기 위해서였다. 그는 자신이 도면을 그릴 때 사용했던 작은 상에 놓인 타자기와 필기도구를 내려놓고 북쪽 벽을 향해 중앙에다 붙여놓은 후에 행주로 깨끗하게 닦았다. 그리고는 접시에다 북어를 올려놓고 단정하게 꿇어앉아 컵에다 막걸리를 가득 담아서 북어포 뒤에다가 올려놓았다.

"천지신명이시여, 어렵게 저에게 온 이번 행운을 거두지 마시고 듬뿍 주십시오."

그는 두 번 절을 하고 퇴주한 뒤에 상을 거두었다. 문을 삐죽이 열고 이 광경을 보고 있던 영표의 아내는 무슨 일인가 하고 고개를 갸웃거리면서 살며시 다시 문을 닫고 다른 방으로 들어가 버렸다.

3.

2월 말이 되자 영표는 주택을 신축하기 위해서 경계

측량을 마친 후에 이튿날 굴착기를 걸고 땅을 파기 시작했다. 굴삭기로 땅을 팔 때마다 찾아왔던 파출소 순경은 아침 일찍 미리 파출소를 찾아가서 점심값을 찔러 넣은 터라 트집 잡으려고 찾아올 턱은 없었다.

따로 떨어진 건물이라면 각 건물마다 굴착기를 한 대씩 5대를 붙여야 하지만 앞에 신축 계약을 한 건물은 5동이 나란히 붙어 있어서 구건물을 부수기도 수월했지만 굴착기도 두 대면 충분해서 비용도 절감되었다. 그는 도목수를 대동하고 이웃에 먼지가 나지 않게 하기 위해서 수도꼭지에 호수를 끼워 굴착기가 부순 구 건축물에다 물을 뿌리고 있었다. 건축 폐기물을 나르기 위해서 덤프트럭이 분주하게 뒤꽁무니를 굴삭기 앞으로 들이 댔다. 영표는 마음속으로 '내일은 목수에게 야리가다를 메게 하고 건너 3개 동을 파야겠군!' 하면서 착착 일이 잘 진행되는 것을 보고 흐뭇하게 미소를 짓고 있었다.

그때였다.

"이 사장이지요, 잠깐 이야기 나눌 수 있을까요?"

잠바 차림의 사내 한 사람이 건너편 골목에 있는 두서너 사람을 힐끗힐끗 쳐다보면서 영표를 불러 세웠다.

"누구시드라?…."

"아, 우리는, 집 짓는 것 때문에 물어 볼 것이 있어서…."

"예~ 잠깐만요."

영표는 얼른 손을 씻고 난 후, "좀 부탁합시다." 하고 굴착기 곁에 붙어 서서 이것저것 작업지시를 하던 도목수에게 물 호수를 건네자 대충 눈치로 때려잡은 그는 또 몇 채의 집을 새로 더 짓게 된 터라, "예~ 걱정 마시고 다녀오십시오." 하고 신이 나서 얼른 물 호스를 잡고 영표 대신 물을 뿌리기 시작했다. 영표는 홀가분한 마음으로 잠바 차림의 사내를 따라 나서며,

"가시죠, 어디로 갈까요? 저 앞 다방으로 갈까요?"

"아니, 아니 그럴 필요까지는 없고요, 저기 같이 집을 지을 친구들이 함께 왔습니다. 저리로 가시죠."

영표는 예상한 대로라 매우 반가웠다. 골목에는 젊은 사내와 아주머니 셋이서 영표를 기다리고 있었기 때문이었다.

"몇 년째 우리 동네에서 집을 짓는 이 사장 이야기를 많이 들었습니다, 우리 다섯 사람도 올해 집을 지으려고 하니 부탁합시다."

그렇게 소문을 타고 주택을 지으려는 사람들이 찾아오고 2월이 채 가기도 전에 열다섯 동의 주택신축을 주문받게 되었다.

"아~ 얼마 만에 찾아오는 행운이냐! 지금껏 반지하 셋방살이를 해 가면서 한 채씩 한 채씩 정성스럽게 지어 준 덕분에 10년 만에야 내게 찾아온 행운이 아니냐!"

그는 주택이 밀집된 단위로 똑똑한 야방 한 명씩을 두었고 제법 체계적인 운영 방법을 찾아 집을 짓기 시작했다. 조그마한 사무실도 하나 얻었고 경리를 담당하는 아가씨도 채용했다. "이제는 올 한 해 동안 주문받은 주택을 잘 마무리만 하면 된다, 그래서 그 수익금으로 올겨울에는 조그마한 땅 한 필지를 구입해서 연립이나 다세대를 지어 분

양할 것이다. 그리고 지은 다세대나 연립을 판 돈으로 대지를 늘려 두 필지, 세 필지를 사고 짓고 또 팔고, 다음에는 건설업 면허를 내고 관공서나 아파트를 짓고…."

영표는 금방 큰 건축회사로 성장하는 자신의 모습을 상상하고 있었다.

"뭐 별거드냐, 건설회사가 다 그렇게 해서 크는 거지…."

반지하의 박스가 만들어지고 목수가 그 위에 일층 문틀을 세웠다. 조적공이 땀을 뻘뻘 흘리면서 반지하부터 치장벽돌을 감아서 쌓아 올리고 있었다. 오월의 더위는 인부들의 옷을 흠뻑 적시고 있었고 얼굴과 팔뚝이 새까맣게 타서 어느 한 곳도 흰 곳이 없었다. 책임자들은 돈 한 푼이라도 더 남기기 위해서 해가 빠져서 캄캄해졌는데도 자신들이 정해 놓은 책임량을 달성하기 위해서 전등불을 밝혀 놓고 인부들에게 일을 시키고 있었다.

며칠 뒤에 TV에서 주택 200만 호 건설 정책이 발표되었다. 발표가 무섭게 콧구멍만한 땅만 가지고 있는 사람이면 너나 할 것 없이 다 집을 지으려고 발버둥을 치기 시작했다.

건축물 축조 단가가 평당 60만 원 하던 것이 며칠 사이에 65만 원으로 뛰었다.

빗방울은 떨어지지 않았지만 흐린 날씨였다. 어제저녁 늦게까지 일층 반을 쌓던 조적 인부들이 나오지 않았다. 영표는 오늘 하루 더 쌓고 늦어도 모래면 슬라브 목수를 붙일 예정인데 이튿날도 오지 않았다. 영표는 수소문해서 조적책임자의 집을 찾아갔다. 책임자는 집에 없었다. 집에 있는 그의 아내를 족쳤다. 얼마 뒤에 책임자의 아내에게 전화가 왔다. 영표는 얼른 전화기를 낚아챘다.

"여보시오, 당신 말이야 이틀을 대마찌 내고 어떻게 된 거야?"

매우 반가워서인지 아니면 화가 나서인지 자기보다 한참 연배인데도 불구하고 반말이 불쑥 튀어나왔다.

"날씨가 흐리고 곧 비가 올 것 같아 인부들과 술 마시고 있어요."

구름은 끼었지만, 어느 하늘을 쳐다봐도 비가 올 가능성은 털끝만큼도 보이지 않았다. 그들이 일이 끝나고 영표와 한두 번 술을 먹었는가. 술 먹은 목소리를 영표가 모를 리 없었다. 말 같지도 않은, 당치도 않는 목소리였다.

"당신 지금 어디요? 내 당장 그리로 가겠소."

그 말에 미안한 마음이 들었던지

"오실 것까지는 없고요, 내일은 꼭 나갈게요."

"알았소, 내 믿고 오늘은 이대로 가겠소."

약속을 믿고 이튿날을 기다렸다. 아침 6시까지 마음을 조아리며 기다렸다. 7시가 되자 고작 책임자는 코빼기도 보이지 않았고 평소 같으면 기능공 7~8명에 보조공 3명이 나와서 득실거렸던 것이 기능공 세 사람에 보조공 둘이 나왔다. 그래도 어쩌랴, 나 온 것만 해도 다행이었다. 그 사람을 데리고 일을 시켰는데 일을 하던 보조공 한 사람이 영표 들으라는 듯이 한마디를 던진다.

"씨팔, 일당 이것 받아서 일하겠어? 다른 데 가면 배나 더 받는 걸."

기능공 한 사람이 보조공에게 핀잔인지 아니면 부추기는 말인지 그를 나무란다.

"야, 야 일이나 해! 나도 입이 없어서 말을 안 하는 줄 알어!"

영표가 기능공을 쳐다보고

"어이, 무슨 말아야, 일당을 배나 받는다는 말이?"

"……."

"말해봐, 막말로 노가다끼리 못할 말이 어디 있어?"

"사장님, 지금 노임이 뛰어서 일꾼들끼리 난리법석입니다."

"노임이 뛰다니, 그게 무슨 소리야?"

"건물 평당 단가가 75만 원으로 뛰었다는데요?"

영표는 하늘이 노랬다. 어제까지만 해도 평당 5만 원 올라 65만 원 한다고 하는데 그 정도는 영표가 먹을 이익을 좀 적게 먹고 대마 책임자에게 조금이라도 올려 주면 된다는 생각을 하고 있었다. 그런데 한 달도 채 되지 않아 평당 15만 원이나 더 오른 75만 원은 무언가.

조적 책임자는 이튿날도 나오지 않았다. 벽돌을 쌓는데 3~4일이면 다 쌓을 일을 열흘이나 걸렸다.

다음은 목수가 슬라브를 깔 차례였다. 목수 책임자는 옛날부터 같이 일해 온 김남일이란 사람으로 덩치도 크고 입도 무거운 충청도 사람이었다. 그는 말없이 일꾼들을 데리고 거푸집을 설치하고 있었다. 건축 단가가 천정부지로 뛰어오르는데 그도 무슨 말이 있을 터인데도 한마디 말도 없자 영표가 오히려 답답해서 먼저 말문을 열었다.

"김 사장, 이거 해도 너무하는 거 아닙니까? 도대체 어디까지 오를까요?"

"그래요, 이사장, 내 차마 입이 떨어지지 않아 말을 못했소만 며칠 전에 그 때문에 4대마 팀과 서로 상의는 했소."

영표는 침을 꿀꺽 삼키면서 얼른 김 사장이 다음 이야기를 하길 기다렸다.

"이사장과 내가 10여 년을 같이 이 짓을 하고 살았는데 당장 남는 것이 없다고 배신하고 다른 곳으로 훌랑 가버릴 수는 없잖소, 그래서 우리 오야지끼리 서로 상의를 했소, 우리 기공과 조공은 분리해서 필요한 사람 수만큼 그때그때 보낼 테니 일꾼들 임금은 일당으로 쳐서 주시오, 우리 4대마 오야지가 가끔 한 번씩 여기 와서 일을 살펴볼 터이니…. 그리고 이 사장도 집을 지을 만큼 지었으니 일꾼들 일 양은 보면 알잖소, 또 우리 일꾼들이 이사장에게 일당을 받는다고 자기 할 일을 팽개치고 놀 사람은 하나도 없다는 것도 이사장은 잘 알잖소, 그리고 간조는 이달 말까지 일한 임금은 깔아놓고 다음 달 말에 한 번씩 하면 됩니다."

우선 영표는 한 달하고도 보름이란 여유가 있었다. 그렇다고 임금을 올려 달라고 하는 것도 아닌데 거절할 수는 더욱 없었다. 어찌하든 남의 건물을 신축하기로 하고 부셔놓은 것은 마무리해야 하기 때문이었다. 다만 돈이 문제였다. 애당초 건물을 신축할 때 계약금 일부를 받고 나머지는 건축물 완공 후에 건축주가 사는 한 층을 제외하고 전세를 놓아 공사비를 대치하려 하고 시작한 공사였다. 이를 조건으로 대마 책임자들에게 일을 줬기 때문에 대마 책임자들이 모를 리가 없었다. 아니 10여 년 동안 그렇게 이어온 일이었다. 결론적으로 이제는 인건비를 영표가 마련해야 한다는 것이 된다. 일이 잘못되어도 한참 잘못된 것이었다. 그러나 어쩔 수가 없는 노릇이었다.

"그럽시다, 여하튼 이 난리에도 나를 배려한 김 사장에게 감사드립니다."

건축단가가 평당 25만 원이나 오른 것을 건축주라고 해서 모를 턱은 없었다. 있는 돈 없는 돈 달달 긁어 계약금 일부를 주고 나서 달랑 대지 하나, 그리고 불알 두 쪽뿐인 그들로서는 먹고 죽으려고 해도 돈은 없었다. 그러니 단가를 올려 줄 처지도 못 되었다. 그들은 미안한 마음에 몸으로라도 때우려고 현장에 나와서 일손을 도와주느라 구슬땀을 흘리고 있었다.

영표는 목수가 거푸집 설치를 완료하자 배근을 직접 지시했다. 25mm 철근은 발코니 보강에만 사용하고 보의 설치는 아예 없애 버렸다. 보를 없앴으니 벽돌 위에 넓적한 슬라브 판을 그대로 올려놓은 것이나 다름없었다. 그리고 철근 배근 간격을 30cm로 벌려서 설치했다.

그런데 다음 차례인 콘크리트 타설이 문제였다. 건축 붐으로 인해서 시멘트 공급 물량이 달린다는 것이었다. 레미콘 회사는 보름 전에 신청했어도 기다려 보라고 하고선 지금껏 물량이 없다는 것이었다. 돈을 갖다 주어도 대기자가 너무 많으니 보름 이상 더 걸린다는 것이었다. 그래서 건재상에서 시멘트를 사서 인부들이 연장으로 직접 비벼서 콘크리트를 치려고 해도 시멘트가 없다. 건재상에서는 시멘트 물량 확보를 위해 하치장에다 차를 준비해 놓고 삼사일 밤낮을 줄을 서서 기다려야 겨우 한 차를 배정받을 수가 있었다. 그러니 2천오백 원 하던 시멘트 한 포가 오천 원, 얼마 뒤에는 팔천 원을 주고도 살 수가 없었다.

건재상에는 아예 포대기를 가지고 시멘트 하치장에서 잠을 자가면서 시멘트를 사들였고 그들은 이때다 싶어 돈벌이에 눈이 충혈되어 있었다. 조금만 고생하면 두 배도 넘는 장사이기 때문이었다.

레미콘 회사의 영업사원은 건축업자들에게 최고의 로비 대상이었다. 레미콘을 받기 위해서 저녁이면 룸살롱으로, 고급식당으로 영업사원을 불러내려고 서로 난리들이었다. 이렇게 해서 겨우 받은 레미콘도 일반 주택현장에는 시멘트, 자갈 모래를 혼합한 것이 아니라 시멘트, 자갈 진흙으로 믹서 된 물량이 들어오기도 했다.

이제 인부들도 돈을 따라서 안면으로 지켜 온 업자들과 인연 끊기를 손바닥 뒤집듯 쉽게 했다.

4.

영표의 꿈은 물거품이 되어 버렸다. 돈을 버는 것이 아니라 자신의 인건비는 고사하고 본전을 찾기에도 급급했다.

"정부의 주택정책만 발표되지 않았어도…."

영표는 혼자 속으로 되씹었다. 다 소용없는 일인 줄 알면서도 그나마 정부 정책에다 핑계로 떠넘기니 마음에

위로는 되었을 것이다.

마무리 공사에 잡부들을 살 돈이 없어서 그해 겨울 찬 바람이 불 때까지 그가 직접 삽을 들고, 미장 고대를 잡고, 조적 고대를 잡고, 망치를 잡고… 그해 한겨울이 되어서야 그야말로 죽을 힘을 다해서 겨우 주택 열다섯 동을 마무리했다. 사무실 경리 사원 급여도 아내를 달달 볶아 겨우 돈을 마련해서 주었고 사무실 문은 일찌감치 닫아 버렸다.

이제 그의 정신은 만신창이 되어 버렸다.

"돈을 벌려고 나간 양반이 일 년 동안 돈 한 푼 들고 들어오질 않으니 원, 내가 푼푼이 모아 놓은 돈조차 경리 직원 봉급으로 뺏어가고…, 도대체 공사해서 받은 돈으로 기집질을 하는 동 아니면 적선사업을 하고 다니는 동 나는 도통 모르겠네."

십 년 공들인 공부가 도로아미타불이 되어 버린 지금 아내의 푸념이 들릴 턱이 없었다.

"지미 씨팔! 내 다음부터 남의 집만 지어봐라, 이놈의 건축주들 가만히 놔두지 않을 거다. 내 너들한테서 있는 돈 없는 돈 다 빨아먹을 테니깐."

혼자서 분통이 터져 열을 올렸다 낮추었다 했지만 이미 그의 건설회사의 위대한 꿈은 일장춘몽이었고 다만 빚더미만 차곡차곡 쌓이고 있었다.

소설

이 건 원

대학로

法名 徹善
전남 영광 출생
한국방송통신대학교 국문학과 재학중
한국윤리학회 · 대한수리논리학회 종신회원
The American Mathematical Society Life Member
서울대학교 공과대학 철학 강의
저술 『다수언어상황에서의 의미론』
『Semantic Base for Scientific Theory』
공저 및 번역 『논리연구』, 『문제를 찾아서』
『현대철학의 쟁점은 무엇인가』, 『언화행위』
휴대폰 : 010-2332-6218

대학로

이 건 원

길 이름으로 쓰이는 이 말은 한국문화와 때어서 생각하기 어려운 것으로 우리가 이해하여 왔다. 이 말은 대학이 주축을 이루는 종로5가에서 혜화동 로터리까지를 말하는 것으로 알려져 있다. 우리나라의 대학이라고 말하여야 하는 서울대학교가 경성제국대학이라는 이름으로 자리하였던 지역이 이 길 주변이었고 지금은 한국방송통신학교 본부와 서울대학교 의과대학, 홍익대학교 그리고 혜화동 로터리를 넘으면 곧장 다른 대학들로 이어진다.

우리나라 학교의 뿌리인 성균관이 있었던 곳과 멀지 않다.

오늘 2014년 11월 3일은 우리에게 기억되는 일이 있다. 우리가 어려서 이날, 11월 3일은 학생의 날로 기념하였던 것 같다.

그런 기억을 되삭이며 이 대학로의 전에는 책방이던 가게에서 유에스비에 저장된 글을 인쇄하였다. 6장 자리이지만 한 부는 제출하고 그래도 한 부는 가지고 있어야 한다는 생각으로 2부를 인쇄하여서 동전을 지불하고 나오면서, 이 대학로의 옛날 모습을 되 삭인다.

그때가 1969년이었다고 기억한다. 영감이 대학에 들어와서 3학년에 알오티시로 군복무를 하려고 하였으나 저녁에는 가르치는 학생이어서, 시간이 어렵게 부족할 것 같아서, 광주의 훈련소로 입대하여서 3년의 군복무를 마치고 후배들과 같이 졸업하던 시절이었다고 기억한다.

4학년 때에, 군복무를 마쳤으니 서류를 제출하여 보라는 김 조교의 조언도 있어서 영문 추천서를 준비할 때이었다. 미국유학용 서류를 준비하였다. 그때에 같은 대학로에 영문 타자기를 마련하여두고 있었던 가게가 있었다. 추천하시던 교수가 써 준 추천서를 영감이 들고 가서 영문 타자기로 타자하여서 교수의 서명을 받아서 제출하였었다. 그 당시 1969년에 이곳 대학로에 있었던 그 가게는 이 근방이었겠다는 생각을 하면서, 에이포용지에 인쇄된 서류를 들고 대학로를 건던 영감이 문방구에 들러서 봉투도 하나 준비하여서 봉투에 넣고 도서실에 들어 왔다.

영감이 1963년에서 2014년 지금까지 살아온 이 대학로 주변의 삶에서 지금도 남아 있는 이름은 서울대학교 의과대학, 서울대학교 병원, 오감도烏瞰圖라고 우리가 기억하는 음식점 이름, 그리고 또 학림學林이라는 다방 이름 등이다.

그리고 참으로 이 대학로 계천이 복개되어서 보이지 않는다는 것이 관악산으로 이사하여 버린 문리과대학처럼 영감의 머릿속의 모습만으로 남아있다. 지금 5층 건물과 견주며, 키를 자랑하는 프라타너스 가로수들이 시원하게 덮고 있는 이 대학로에, 그때의 가로수는 기억이 잘 나지 않으나 대학 앞의 대학천은 그 졸졸 흐르던 모습과 함께 기억된다.

얼마 전에 상해사범대학 앞의 물이 차있는 개천을 보면서, 이 잊히는 이곳의 대학천大學川을 생각하여 보았었다. 우리의 대학천이 물이 찼더라면 이런 모습이었겠다는 생각을 하면서 지금의 대학로에 있는 실개천도 그 물을 지하수에서 퍼 올린다는 구청의 말을 기억한다.

대학로라는 이름을 지금도 가지고 있고, 서울대학교 의과대학이 전에도 있었고 오늘도 있다는 것이 영감의 뇌리에 있는 생각이다. 한국의 많은 사람이 특히 영감과 같이 말 그대로 노인들이 이 대학로의 교정에서 젊은 날을 보냈다고 생각하여지는 이곳이다. 아직도 그러한 이름이 있는 오감도는 그 이름이 한국의 초기의 문학작품 이름과 같아서도 그리고 아직도 우리나라 최초의 대학의 건물이 방송통신대학교에 역사관歷史館이란 이름으로 남아 있고, 기억하고자 하는 것으로 남아있다.

며칠 전에 이 역사관 이 층의 옛날의 강당에 올해의 세월호 사고로 기억하는 남서해의 선박침몰사고와 일본의 후쿠시마 사고로 기억하는 원자력 발전소 사고를 반성하는 모임이 있어서 지난 일들을 생각하며 영감도 가서 들었다. 저녁 강의라고 하여서 그날 마침 같은 날에 있었던 통신대학의 문학회에 갔다가 구민회관에서 주최하는 노래 모임이 효孝자를 내어 놓고 하는 곳에 가서 부회장의 독창만을 듣고는 그 후의 모임에도 참석하지 못하고 왔었다. 일본에 오래 머물었던 분들의, 일본의 큰 사고인 후쿠시마 사고와 우리가 가지는 아픈 흔적으로의 세월호 사고가 반성 되고 있었다.

영감이 기억하는 대학로는 사고의 현장이었었다. 이러한 험한 역사를 같이 체험하면서 살아온 이유인지 4월 15일의 사고 이후에 처음으로 그 모임에서야 그 사고 희생자들에 대해 묵념을 하였었다. 묵념은 그 300이 넘는 사망자들의 희생을 애달파 하면서 기억하고자 하는 행사로 이해되고, 이 영감도 눈시울이 뜨거워지는 것을 느끼는 순간이었었다.

어제는 이번 가을에 있었던 한국학중앙연구원의 한국대학총장협회 모임에서의 선택된 제목에 "위기危機"라는 표현이 있는 문건들을 읽었다. 그 모임이 오후에 시작하였고 저녁 식사도 하고 가라는 분의 말을 들으며, 영감은 한국학중앙연구원이 지금의 이 대학로와는 거리가 있는 성남에 있어서 곧장 집에 와야 한다고 말씀드리고 발표만 다 듣고 토론은 듣지 못한 채로 어둡기 전에 한국학중앙연구소의 정문을 빠져나왔다.

그때 영감이 가는 방향에는 차가 서지 않는다는 수위실의 친절한 말을 듣고, 반대편으로 나와서 곧장 버스를 타고 서울로 나왔으나 이화동의 집에 오니 벌써 저녁 9시가 되었었다.

오늘에야 그때의 유인물을 한번 다시 본다. 그 내용 중에 보기로 세월호 사고를 들고 있어서 인터넷을 이용하여서 보니, 위키백과에 자세한 기록이 있었다. 그 기록을 다 읽지 못하지만 조금 보다가 사고가 난 지 며칠 후에 대한 기사 중에서 시체가 얼굴로만 쉽게 판별하기 어려운 상태가 되었다는 보고를 읽으며, 그 모습을 되 삭여 보려고 하기보다는, 잊고 싶다는 마음이 들었었다. 영감이 어려서 수일 동안 타는 배를 타고 가던 기억이 난다. 어느 날 파도가 심하여서 식탁의 물컵이 굴러떨어지는 정도가 되었다고 기억된다. 그 배의 지휘소에서 방송하여서 갑판으로 나왔던 것 같다. 배가 흔들리고 파도가 갑판까지 올라오는 것 같았고, 영감 등이 갑판에 서기도 어려워서 쭈그리고 앉아서 파도가 흔드는 배를 따라서 항해하였던 기억이 난다. 영감의 상식으로 배가 위험하면 갑판으로 나오라고 하는 것이 경험이 많은 선원들의 지시였다고 기억한다. 영감이 탔던 배는 전 세계를 누비고 다니던 기관원들이 지휘하는 배이었다고 기억한다.

아마 이러한 문제와도 결부되는 것과 같은 기사를 위키백과에서 읽었다. 조선일보 이 기자의 말이라고 인용하고, 이러한 재난에 잘 대응하지 못하는 사회 구조가 우리의 사회에 있다는 지적이었다. 약간 여기 대학로에서 듣는 것으로 추측하여도 역사관에서 말하는 고려대학교 교수의 말로도 그러하듯이, 우리의 재난에 대응하는 준비로의 조처 중에 일본에 못 미치는 부족한 점이 많다는 것이었다.

세월호 사건에서 우선 지적되는 것이 일본에서 운행하던 헌 배를 사가지고 조금 손질을 하였는지, 승선인원을 더 늘리고, 두 번이나 당국의 선박 조사에서 통과되었고, 사고가 난 날은 그러한 검사를 거친지 그렇게 오래되지도 않았었다는 것을 읽을 수 있었다. 한국의 큰 배 등의 검증에서 일본에서 사용되는 검증 기준보다 더 느슨한 기준을 가지고 시행하여 왔었다는 것이 지적되고 있는 것 같았다.

조금은 늦게야 한국의 안전에 대한 허술한 대비태세로 일어났었던 사고에 대한 이야기를 듣고 영감도 다시 이 대학로의 역사를 되 삭인다. 대학로에 대학에 오면서 살기 시작하여서 오늘까지 살아온 영감의 기억은 그 시작 시기가 대모의 거리이었었다.

어느 따스한 봄날이었다고 기억된다. 학생들 100여 명이 줄지어서 대학로로 나왔었다. 경찰이 강하게 막아서 학생들의 대오는 흩어졌었다. 그 대오가 흩어진 계기는 앞줄의 한 학생이 곤봉을 맞고 피를 흘렸기 때문으로 기억한다. 영감도 도망하다가 중국집 이 층에 들어갔었다.

그때의 그 모임을 주도하였던 선배 정치학과 학생이 같은 중국집 방에 들어 왔었다. 매우 혼비백산한 모습이었었고, 영감도 거침없이 당신은 이러한 사태를 예측하지도 못하였느냐고 다그쳤었다. 그때의 그 정치과 고학년의 고뇌에 찬 모습은 지금도 쉽게 잊을 수 없는 모습이었다. 이것이 이 영감의 머릿속에 대학로라는 이름과 같이하는 사건이었다. 이러한 대모가 없는 봄과 가을을 쉽게 기억하기가 어려운 대학생활을 보냈다.

어느 때에는 학생들의 행진이 중앙청 앞에까지 간 적도 있었고, 그러한 행진의 결과는 다음날 대학이 군에 의하여서 점령되었던 것으로 기억되고, 학교는 휴교가 되기도 하였었다.

이러한 역사로 기억되는 대학로에서 이제 바다에서 300여 명이 죽은 사고를 되 삭이는 모습이, 영감이 이제는 좋아졌다고 생각하면서, 어떤 때에는 나의 삶은 성공적이었다고까지 말하던 자신을 부끄럽게 한다. 마침 영감이 올해 들어서부터는 학교에 속한다고 쓰지 말라는 말을 듣고, 모임에 참석하는 전환기에, 적어도 개인적으로는 자신의 삶을 반성하게 하게 하는 시점에, 우울한 사고 이야기가 되고 있다.

대학로에서 들은 학부의 강의가 영감이 서울에 온 이유이리라고 생각한다. 그것도 왜 하필이면 철학을 택하였느냐고 하면 영감이 시골에서 읽은 글들에서 말하기를 철학이 학문 중의 학문이라는 것을 읽고 택한 것이었다. 다른 과를 아버지가 추천하셨던 것도 기억한다.

그러나 영감은 혼자 자신이 읽은 자료에서 말하는 학문 중의 학문이라는 학문에 접하여 보고자 서울에 온 것이 1963년이었다. 영감의 주위에서는 보통 63학번으로 기억하는 것이었고, 그중에서 학문의 학문을 듣고자 하여서 서울에 왔었고, 그 후로 지금까지 대학로 주변에 머물고 있다.

그때에 학생들에게 공부를 매우 강조하는 쉽게 좋은 시험성적을 얻기를 바라는 고등학교에 다녔었다. 학교는 몇 명이 서울대학교에 입학하였는지에 대단한 관심을 가지고 있었던 것으로 기억한다. 그러한 분위기 속에서 고등학교의 책들을 읽었었다.

요즈음의 젊은이들이 도서실에 오면 많이 컴퓨터 모니터에 가 앉는다. 사전을 찾기보다 더 쉽게 컴퓨터에서 단어의 뜻이나, 사건에 대한 의문이 답하여지기 때문에 도서관에 사전류의 중요성이 매우 감소하여지고 있다. 수년 전에 미국의 도서관에 들러 보고 학생들이 거의 다 컴퓨터 모니터 앞에 있고, 도서관 서가 주변의 이전에 그렇게 많이 찾던 학생들을 보기가 힘들었다. 서가에서 한국의 책들이 다른 나라의 책들과 같이 준비되어 있는 것을 보고, 그래도 도서관이 대학의 주축이라는 생각을 하면서 나왔던 기억이 난다.

우리가 대학로에서 있었던 일들로 그러한 문제들에 눈이 흐려지는 듯하지만, 대학은 철학이 있었고 철학이 주도하는 사회라는 것을 나는 부인하지 못한다. 자기가 철학과에 가서 영감이 그런 생각을 한다고 할지라도 영감의 느낌은 변함이 없다.

지금은 새벽 4시 반이 조금 지났다. 그러나 좋은 전기 시설로 밝고, 한글 전자계산기의 문자 입력 프로그램인 '흔글' 을 사용하여 소설을 쓰는 자신의 모습을 반성하여 본다.

지금의 이러한 세상에도 그 고루한 철학이 주도한다고 생각하느냐는 질문도 가능할 것이다. 최근에 우리가 보는 것은 이러한 새로운 대학의 풍토에서 인지과학의 철학적인 반성이 있었다고 기억한다. 영감도 이러한 연구에

개입하여서 철학이라기보다는 우리의 생활에서 기계의 도입이 글을 쓰는 작업에 미치는 것에 몰두하다시피 하였던 시절이 있었다. 여기 대학로에 머물던 영감이 이 대학로의 변화를 같이 체험하고 살고 있었다. 여기저기 고시학원이 있었고, 이름도 다 말하기 어려운 학원들이 이 대학로 주변에 있다가 며칠 전의 구청 연구원의 발언에서 듣자니, 100이 넘는 연극반이 이 주변에 있다고 한다. 얼핏 보아도 거리에 보이던 학원 간판들이 많이 사라지고 연극을 보려고 줄 서 있는 아이들의 모습을 자주 본다. 지금은 나의 모니터에서 보는 동영상이 가장 인기가 있는 품목이다.

20여 년 전에, 이러한 변화 속에서 앞집 어르신의 말씀이 중국에서 온 교수가 있다고 가 보라는 말을 하여서 대학로의 국제회관의 회의실에 가 보았던 기억이 있다.

고종황제가 대학의 터로 지정하였다는 이 지역의 서울대학교가 박정희 대통령 시절에 관악산에 본부를 두게 되고, 대학로의 철학과도 관악산의 제5동 건물에 들어간 지도 오래지만, 그 옛날의 대학 자리는 대학에 관여되는 시설들이 들어 있었다. 방송통신대학이 아직도 최초의 대학 건물로 고종황제 시절에 지었다는 목조건물을 역사관이라고 이름하고 지키고 있고, 그 주변에 외국인 학생들의 숙소, 그리고 국제회관이 있었던, 지금부터 20여 년 전의 일이었다.

한글이 왜 컴퓨터에 뜨지 않느냐는 생각으로 컴퓨터 주변의 모임에 다니던 시절에, 바로 대학로에 북경대학

교수가 왔다는 모임에 가보라는 말씀을 따라서 몇백 미터 아래의 회의장에 참석하였었다. 회의는 한국과 중국의 윤리학연구에 협조하는 기구로 한국과 중국 합동회의를 가지도록 하고, 매년 회의를 하되, 한 번은 한국에서 다음에는 중국에서 가지고, 매년 지속하는 회의를 하자는 제의를 수용하고, 그 첫 개막식을 그 당시의 국제회관에서 가지는 모임이었었다.

동양은 한국을 동방예의지국으로 기억한다는 말을 들으며 자랐다. 마침 그때에 한국과 중국의 국교가 정상화되는 때이어서, 그리고 구체적으로 윤리학의 합동연구라는 주제는 매우 중요하여서도 회의장의 참석자가 수백 명이 넘게 가득 차 있었다. 중국의 위 교수가 그가 재직하고 있는 북경대학의 윤리의 방향을 소개하는 기조연설을 하였던 것으로 기억한다.

청중의 한 사람으로 영감은 영감이 이 대학로에서 듣는 철학의 방향을 알리는 목적으로 철학개론의 일부를 말하였었다. 영감이 1963년에 수강할 당시의 철학교재에는 한자로 진선미眞善美를 통하여서 성聖스럽게 되는 것이라고 쓰여 있던 내용을, 참되고 착하고 아름다워서 성스럽게 되고자 한다는 것을 말하였다.

지금도 영감은 이러한 우리가 어려서 듣던 방향에 대한 믿음을 변하지 않고 따르려고 노력하고 있다. 학회의 일이 벌써 20년이 넘었으나 변함이 없는 것도 드문 일이라고 한다. 20년이 더 지난 수년 전에 중국에서 그때에 한국에 와서 한·중 윤리학회의 중국 측의 대표로 왔던 분을 다시 만났었다. 이 인연이 이 대학로에서 이루어진 인연 중에 중요한 일로 남는다.

20년은 우선 그분의 흰머리로 알 수 있듯이 꽤 오랜 세월인 것 같다. 이제는 흰머리가 된 위 교수를 은천銀川에서 만나고, 이제 한국에서도 중국의 한·중 윤리학회에 한국의 참석자가 40명이 넘는 모습을 보면서, 한때에 우리가 한글 컴퓨터발전에 시간을 보내던 때를 다시 생각한다. 초기에 관악산의 호암 생활관에서 한국과 중국의 회의 도중에 중국 교수가 컴퓨터사용의 협조를 말하던 것이 기억난다. 마침 컴퓨터학과의 김 교수가 오셔서 부탁하였었다. 그러나 이제 우리가 그때 생각하던 한자를 전자 타자하는데 가지는 어려움도 극복된 것을 느낀다. 자주 나의 모니터로도 듣는 중국의 방송에 컴퓨터로 입력된 한자를 보면서 이렇게 우리의 문자생활이 바뀠다는 생각을 하게 한다.

마침 영감이 대학을 마치고 미국에 갔을 때 미국의 타자기는 중요하였었다. 미국의 교수들이 타자 친 글을 요구하여서 영감도 영문 타자를 읽혔었다. 이제 지금 우리가 쓰는 기계에는 영문 타자와 한글 타자가 자유롭다. 한자 입력도 그렇게 어려운 일이 아니다.

이렇게 변하였지만 영감은 지금도 착하고 아름답고 옳게 하자는 대학로에서의 첫 학기의 강의 내용을 기억하고자 한다.

우리의 한글을 기계 처리하는 작업이 좋은 보기라고

기억한다. 물론 그 당시의 정치지도자들이 우리의 한글도 기계 처리하여야 한다는 것에 동의하고 적극적으로 주선하여서 많은 한글 기계처리를 위한 모임을 가졌었다. 우리와 같이 철학에서도 논리학을 다루는 사람도 참여하여서 전국의 곳곳을 다니며 토론에 참석하고 발언도 하였었다.

우리가 처음에 공과대학의 기계로 처리하기로 한줄한 줄 글자를 입력하는 에드린(add-line)에 의하여서 한글 입력이 시작되었었다. 그때의 가장 큰 문제가 영어와는 달리 글자를 형성하기 위하여서 가로로 글자를 형성하기만 하지 않고 세로로도 글자를 만드는 한글의 특성을 처리하는 작업이었다. 그 당시의 은행에서 한글을 풀어서 입력하여서 숫자로 금액뿐이 아니라 한글도 통장에 인쇄하는 작업을 하기도 하였었다. 그러나 한국의 학자들은 곧장 한글 입력의 방식으로 완성형과 조합형을 개발하여서 기계로 처리하였었다.

그러한 시기에 우리는 학교의 여러 부분 심리학, 국어학, 그리고 우리까지도 응원하는 대열에 서게 되었고 영감도 강의보다는 전산소의 기계에 붙어서 이런저런 작업을 하여 보았던 기억이 난다. 영감이 그때에 미국과의 전화가 아닌 전산화된 기계로 문자로 글을 주고받는 것에 매우 흥미가 있어서, 서울대학교 전산소의 모니터를 보면서 전자타자를 친 글을 미국기호논리학회(ASL)에 곧장 보낼 수가 있었다. 그때의 작업은 기억할 만한 것이었던지, 우리의 한국에서 기계로 우송한 글을 미국에서 인쇄하여서 남겨 두게 되었다.

이러한 방향의 문자에 대한 새로운 발전이 실제로 사용된 것이, 지난여름의 서울에서 가진 세계수학자대회(ICM)이었다고 말할 수 있었다.

이전의 국제학회도 일반 우편으로 서로 연락하였으나, 이번의 세계수학자대회는 처음부터 전자 우편을 사용하는 회의였고 영감도 한 번도 인쇄된 글을 받지 않은 채로 코엑스의 회의장에 갔었다. 코엑스에서는 회의 시작 전의 모임에서 인쇄된 명찰을 배포하였었다. 그러나 그 명찰이 벌써 인쇄되어 준비되어 있지 않고 현장에서 이름을 듣고 젊은이들이 인쇄하여 주었고, 그래도 한 번 더 확인하는 단계가 그 명찰에 확인 날인을 하는 것이었다. 지금도 그 명찰을 내 책상 앞에 두고 이따금 본다.

이것이 우리가 전자공학과의 요청으로 한글기계화를 추진하던 30여 년 전과는 달리 지금의 젊은이들이 그 많은 500여 명의 참가자에게 현장에서 처리하는 단계에 이르게 되었다는 것을 보면서, 우리의 문자생활이 이러한 단계에 이른 것을 실감하게 된다. 그러면서도 현장에서 받은 인쇄된 책자를 책장에 꽂아 두고, 이러한 책자가 세계 100여 국에 같이 퍼지게 된 지금 우리의 문자생활을 반추하여 본다. 이러한 모임을 주도한 젊은 한국의 수학자들에, 우리가 이전에 한글 기계화를 위하여서 하였던 강연들이 부끄럽다는 말을, 마을의 부인들에게 하였던 기억이 난다. 단지 우리의 바람을 말하고, 그러한 발전을 즐거이 활용하는, 이 한국의 한 사람이라는 것에 만족하는 마음으로 살아왔다.

그래서 이제는 즐거운 마음으로 나의 핸드폰에 뜨는 한글 문자를 보면서, 이제는 일반 우편도 없이 핸드폰 문자로 공고한 모임을 보면서, 또 젊은이들이 손에 드는 조그마한 기계로 한글을 잘 처리하는 것을 보면서, 1963년에 이곳 대학로에 와서, 2014년에 학교생활을 마치는 그 동안의 발전을 되삭여 본다.

지난번의 한국학중앙연구원에서 있었던 한국대학 총장들의 모임에서, 우리가 보는 것은, 이전에 우리가 학교에 있을 때 뵙던 노인 전직 총장들이 많이 모였었다. 그 회의의 글들의 특성이 많이 숫자를 쓰고, 통계적인 연구의 결과들을 많이 이용한 것을 보았다. 그러나 복잡한 수리를 사용하기보다는 우리나라의 자살률이 세계에서 첫째라는 것들과 같은 것이었다. 처음에 쉽게 우리의 상식과 거리를 느껴서, 매우 거북한 모습으로 듣고 있었다. 전직 총장들은 회의 모임에서 사진만을 찍고 많이 떠나는 것 같았었다. 유인물을 읽으면 되기 때문에 바쁜 분들이 떠나는 것으로 이해하기도 하였었다.

실제로 나는 1970년에 하와이대학에 가서 먼저 참석하였던 행사를 기억한다. 그 행사의 이름은 코리언나이트이었다. 1970년 여름 방학에 우리 한국 학생들이 같이 준비하여서 하룻밤 공연을 하자는 행사이었고, 우리가 매일 모여서 한 연습이 "잘 살아보자!"라는 노래의 합창연습이었었다. 영감은 어려서부터 이러한 행사에 참석할 기회가 없었기 때문에 흥미 있으나, 합창을 연습하면서 노래를 잘 따라 하지 못한다는 지적을 받았으나 한국 유학생들의 수가 많지 않아서인지 퇴출하지는 않아서, 끝까지 합창연습을 하였었다. 그때부터 우리의 뇌리에 있는 명제가 한국이 잘 살아 보자는 것이었다고 기억된다.

귀국하여서 그 당시에 같이 그 공연을 수행하였던 곽 선배가 마침 무임소장관실에서 이러한 새마을 운동을 지휘하고 있었다. 다음 학기부터 강의하라는 교수님의 말씀을 듣고 나의 고향에서 부모님들과 5년간의 외국여행 후의 만남을 그렇게 중요하게 느껴서인지 시골집에서 쉬다가 서울에 오는 기차를 타고 오다가 만난 곽 선배님의 제의로 새마을 운동에 참여하였었다. 영감의 서울대학교 공과대학의 강의는 인천에 계시던 선배가 수고하고, 영감은 공장새마을운동에 참여하게 되었었다. 영감은 군대생활을 제외하고는 근무한 경험이라고 미국대학의 조교 근무뿐이어서 곽 선배님이 읽어보라는 미국의 이러한 종류의 운동이라고 말하여야 할 사업에 대한 책자를 보고 한글로 써서 드리고 근무지에 갔었다. 나는 마침 미국의 유학이 일종의 국가사업 일부로 연수에 해당하였기 때문에도, 정부 측의 제의를 거부하기보다는 더 잘 협조하여야 한다는 생각으로 대학의 강의보다는 공장에서 한 사람의 직원으로, "새마을 담당"이라는 직무를 수행하게 되었었다. 하와이 대학의 강당에서 같이 잘 살아보자는 노래를 불었던 일을 되 삭이며 매일 출근하였었다. 마침 나의 숙소는 이전에 대학에 다닐 때 있었던, 충신동의 옛날 하숙집이었고 근무지인 김포의 공장에 출근하기 위하여서 이용하는 버스는 출퇴근 시간에 만원이어서 고통스러웠고, 내가 학교 주변에 살면서 등교하던 대학 시절과는 달리, 서울에서 등하교하던 학생들의 모습을 나도 체험하는 기회를 가지고, 그때 잘살아 보자는 노래를 부르게 된 동기를 나도 다시 체험하는 기회이었다고 본다.

정부는 지하철 공사 작업을 적극 추진하였다고 기억한다. 나는 1년을 그 회사에서 새마을 운동 담당자로서 일을 하는 동안에, 공장 새마을 금고도 만들고, 내가 그 회사를 떠나는 시기에 여직원들이 영어 공부를 하고 싶다는 말에 따라서, 영어공부반도 만들고 1년이 다 되어서 회사를 떠나서, 서울대학교 공과대학의 철학개론 강의를 맡았었다.

지금 이 마을에도 새마을 금고가 있다. 이러한 은행들을 보면서 영감이 만드는데 조력하였던 그 공장의 마을 금고는 장난감 같은 것이었다는 생각을 한다. 마침 영감이 출강하였던 서울대학교 공과대학은 영감이 2년을 마친 때에 관악산으로 이사하여서 공능의 공과대학을 떠났었다. 관악산으로 이사하여서 본부와 인문대학과 같은 캠퍼스에 있어서 영감의 공과대학의 철학을 담당하던 일은 사라지게 된 것 같았다.

영감은 자유롭게 여기저기 강의하여 달라는 요구에 거절하지 않고 강의를 하였다. 그러나 곧장 우리의 기계가 한글을 처리할 수 있도록 하여야 한다는 시대적인 요구에 구경하는 사람이 되었다. 공과대학에 새로 마련한 컴퓨터를 연구하고 학생들이 사용하여 보도록 하는 전산소가 생겨서 영감은 거의 매일 그 연구소에서 나날을 보냈었다. 그저 기술자들이 만드는 것을 써 보는 입장이었다. 처음에 한글이 화면에 뜨면서 가지던 기쁨을 영감은 잊지 못한다. 한글 타자연구에 헌신한 공병우 박사의 이름을 따라서 타자기로 시작하였던 한글은 이제 우리가 지금 사용하는 "한글 2010"에서는 그 모든 성능을 따라가기도 어렵게 만들어지고 지금 영감도 화면에 뜨는 원고지형식에 이 글을 메우고 있다.

중국어의 어려움은 쉽게 어떻게 기계 처리될지 하는 의심을 쉽게 버리지 못하는 상태였으나 지금 우리 한글 프로그램에서 사용할 수 있는 한자만으로 일상생활의 한자 입력은 문제가 없는 것으로 이해한다. 최근에는 네이버의 한자를 써넣어서 그 뜻을 찾아내는 프로그램이 영감이 가장 즐기는 프로그램이고, 거의 문제를 발견하지 못하는 프로그램으로 영감은 경험하였다.

실제로 영감은 우리의 이러한 발전을 즐기며 살아가고 있었다. 그러다가 이번에 총장회의에서 제기한 문제에 처음에는 그렇게 수긍되지 않으나 다시 생각하여 보고 그 발표문을 읽어 보자니 꼭 검토하여야 한다는 생각도 든다.

여기에 그 문제들을 반복하여서 말할 수도 없는 많은 문제가 지적되고 있었다. 자살률이 세계 제1위라는 지적을 위시하여서 좋지 않은 문제들에서 세계 제1위라고 하는 것들이 너무나 많아서 말하기도 어렵다.

솔직히 영감은 내가 읽던 논리학에서 말하는 말이 생각이 나서 나의 감정을 추스르기도 어려운 모습을 하면서 들었다. 숫자로 말하는 것은 믿지도 말라는 조언이었다. 그러나 최근의 중국의 글들은 숫자가 그래도 가장 현실적으로 말하는 도구라고 하였다.

1970년대에 우리가 대학에 있을 때 한국의 많은 젊은 학자들이 한국의 인구증가가 지나쳐서 산아제한을 강조하였었다. 그러나 지금 반세기도 아니 되어서 한국에서 요즈음에 아이를 셋만 낳으면 "애국자"라고 말하는 것을 듣는다.

개인적으로 영감은 대가족에서 자랐었다. 어린 시절에 가족의 수가 10이었다. 영감의 증조부님이 영감을 타이르시는 어린 시절이었다. "너 마당 파지 마라!" 그래도 그 당시의 어린 영감은 마당에 흠집을 내면서 놀았다. "너 내가 세 번 말해도 안 들으면 매 맞는다!" 그제야 영감은 빨리 가지고 놀던 막대를 팽개치고는 다른 놀이를 하러 갔던 것을 기억한다. 영감은 지금도 어릴 때의 노인들의 타이름과 주전부리도 주시던 노인들의 사랑을 느끼면서 지낸다.

지금 마을의 아이들이 모여서 자기들끼리 마구 말을 하고, 어린아이들이 남녀를 불구하고 담배를 물고 있는 것을 보면 영감도 기분이 좋지 않다. 학교의 선생으로 일생을 지내온 영감으로서는 나무라고 싶으나, 마을 부인들이 아무 말도 하지 말라고 한다. 영감은 주변 부인들의 말을 들었다. 영감이 어려서 살았던 분위기와는 다른 것을 느낀다. 영감도 담배를 군에서 배웠다. 그러나 영감이 학교에 근무할 때에 선배 교수가 담배를 끊지 못하면 정신력의 부족이라고 하는 조언을 듣고 담배를 끊은 지가 몇십 년이 넘어서 지금은 다시 어린 시절로 돌아간 기분이다. 아버지도 담배를 끊고 말년을 지냈다. 그러나 우리 할아버지는 담배를 즐기셨고, 아버지 세대는 담배를 준비하여 드리는 것이 예의인 것으로 생각하고, 심지어는 우리 아이 엄마도 그렇게 생각하였던 것으로 기억한다.

우리 사회에 있는 총장님들이 지적하시는 문제들을 우리는 그렇게 담배 피우는 젊은 남녀들의 문제 정도로 생각하여 왔다. 집 앞의 담배꽁초를 보면서 나도 소리를 지르면서 싫다는 말을 한 적이 있다. 그러나 담배를 즐기는 부인에게 말을 하지는 못하였다.

그러나 우리나라의 안전에 대한 대비심이 문제라는 총장들의 지적에는 동감하고 일본에 오래 머물던 분들의 우리 사회의 불분명한 안전의식에도 동감한다. 특히 지난번의 대형사고 300명이 넘는 어린 학생들의 희생이 있었던 어른들의 허술한 대책들은 우리 사회의 중요한 문제라는 것에 동감하지 않을 수가 없다.

우리나라의 전통 사회의 병폐가 너무나 많아서 자유라는 이름 아래에 무절제가 수용되는 것이 문제가 아닌지 하는 생각이 든다. 더욱이 우리 사회의 풍토가 자유사회라는 미명으로 우리 모두의 자유를 희생하여야만 하는 사태에 이르고 있는지 하는 생각도 어찌하지 못한다.

가난은 모든 죄악의 근원이라는 중국말 속담이 있다. 우리가 잘살아 보자는 노래를 부르던 것을 기억하고, 지금 우리의 삶에서 경제적으로 어느 정도 안정되었으나, 도덕성의 문제가 있다는 지적으로 읽는다. 물론 어른들의 이러한 염려는 매우 자연스러운 말로 더 좋은 삶, 곧 우리의 경제력의 증가가 곧 행복이라고 말하기가 어렵다는 것으로 읽는다.

그러나 중국말의 이야기는 경제력의 증가가 없는 행복의 추구에는 어려움이 있다는 것으로 이해된다. 오래된 이러한 속담의 진위여부를 말하기 이전에 우리의 역사에서 그러한 것을 지적하고 있었고, 글쎄 그러한 말에 경고하는 것 같은 어른들의 말은 더 높은 차원의 경고라고 받아들이고 싶다.

우리는 지금까지 우리 선조들의 도덕성을 자랑하면서 살아왔다. 그리고 우리나라는 동방예의지국이라는 명예를 가진 나라로 받아들여 왔다. 그러한 우리의 자랑이 해손害損되지 않기를 바란다.

2014년 11월 5일 수요일

이화동 도서실에서

만남

늦가을, 비 내리는 도심 속 덕수궁의 모습은 멋스러웠다. 뜻을 같이하는 님들과의 만남을 반겨주는 은행잎도, 단풍잎도 많은 이야기를 나누고파 흩날리고, 옛 안주인의 치맛자락 소리가 들리는 듯하였다. 우린 이렇게 만남을 통해 문학을 토론하며 늦가을의 정취를 만끽하고 있었다.

문학인이라는 어설픈 참여, 과연 내가 시인 소리는 들을만한가? 의문을 가지지만, 그 부족함을 만남을 통해 더 많은 시어를 만나고파 문학회원이 된지도 몇 년…….

바라보는 눈이 같은 이들과의 길 떠남도 행복이요 열정인 것을, 부족하면 어떻고 넘치면 어떠한가, 이 모든 것이 문학에 대한 사랑이요 더 잘해보겠다는 다짐인 것을…….

다섯 번째 태어나는 우리들의 문집을 만나기 위해 동분서주 하시는 회장님들의 노고에 감사를 드린다, 그동안 마음에 담겨 있던 시어들을 하나하나의 작품으로 탄생시켜 보내 주신 회원님들께도 감사드린다.

앞으로의 바람은 우리의 문집 '등나무 풍경' 이 해를 거듭할수록 발전이 있기를 기대한다.

사무국장 장광분